www.tredition.de

AF204290

Rene Schon, Kai Stührenberg

Einheit in der Vielfalt

Toleranz, Offenheit und Brüderlichkeit als Herausforderung für die Freimaurerei der Zukunft

www.tredition.de

© 2021 Rene Schon, Kai Stührenberg

Verlag und Druck:
tredition GmbH, Halenreie 40-44, 22359 Hamburg

ISBN
Paperback: 978-3-347-39919-8
Hardcover: 978-3-347-39920-4
e-Book: 978-3-347-39921-1

Inhalt

Widmung

Wir widmen dieses Buch allen Brüdern und Schwestern, die sich nicht mit den unterschiedlichen Auslegungen der aus ihrer Sicht „wahren Freimaurerei" beschäftigen wollen, sondern die an die Einheit durch Vielfalt glauben und sich offen und vorurteilsfrei mit unterschiedlichen Sichtweisen und Schwerpunkten der Freimaurerei auseinandersetzen.

Wir danken allen Brüdern und Schwestern für die Inspiration zu diesem Projekt und für viele Gespräche und Diskussionen.

Ganz besonders danken wir Jens Rusch für das schöne Buchcover, sowie unseren Partnerinnen an unserer Seite und auch unseren Kindern für die Geduld, mit der sie dieses Buch ermöglichten.

Die Autoren

René Schon

ist 1976 in Fürth/Bayern geboren, liiert und hat einen Sohn. Er ist ein Freimaurer mit ausgeprägtem humanitärem Ansatz und bekennender Atheist.

Er ist Mitglied der Loge Jacob de Molay zum Stern im Süden („Südloge"). Zudem ist er Mitglied der Freimaurer Forschungsloge Quatuor Coronati und Mitglied des Emirat Shriners in Heidelberg. Zudem betreibt er den Freimaurer Blog www.freimaurergedanken.com.

Er ist bekennender Freimaurer und trägt dies auch sichtbar deutlich nach außen. Die Grundlagen der Freimaurerei, Gleichheit, Toleranz, Freiheit, Brüderlichkeit/Schwesterlichkeit und Humanität bilden für ihn die unumgänglichen Eckpfeiler dieses ethischen Bundes. Er setzt sich für die Zusammenarbeit unter den verschiedenen Großlogen ein und ebenso für ein brüderliches und schwesterliches Miteinander. Freimaurerei ist für ihn ein Werkzeug, ethische und moralische Werte zu vermitteln.

Von ihm sind im Salierverlag bereits folgende Bücher erschienen:

Ernst und Falk 2014: Gespräche für Freimaurer (ISBN-10: 9783943539523 oder ISBN-13: 978-3943539523)

Laut denken mit einem Freund: Logengespräche über Politik, Gesellschaft und Religion (ISBN-10: 9783943539912 oder ISBN-13: 978-3943539912)

Kai Stührenberg

ist 1964 in Bremen geboren, verheiratet, drei Kinder, wohnhaft in Bremen.

Meister in der 3WK Loge "Zum Silbernen Schlüssel", im Vorstand des Fördervereins Freimaurer Wiki e.V.. Mitglied der Albert Pike Lodge 1067 und des Inneren Orient der Großen Loge Royal York zur Freundschaft. Autor des Buchs Buch "Die Arbeit am rauen Stein - Ein Arbeitsbuch für Freimaurer im Lehrlingsgrad" im Leipziger Freimaurer Verlag erschienen.

Mitglied des York Ritus und der im Kapitel Adam Kraft Hannover und Mitglied der Societas Rosicruciana in Anglia (SRIA) im Georg Forster College Hannover. Dazu Knight Templar in der Preceptory #15 Albert Pike und im Order of The Holy Royal Arch Knight Templar Priests und dem Order of Holy Wisdom, sowie im Order of Jerusalem, Rhodos and Malta.

Kai ist offen bekennender Freimaurer, dem die ethisch moralische Ausrichtung und Werteorientierung des Bundes wichtig sind, als Beispiel für alle Menschen in unserer Gesellschaft. Kern der Freimaurerei ist für ihn neben dem Kreis der vertrauten Brüder vor allem das Ritual mit der Symbolik, die Kai in vielen Punkten aus hermetischer und gnostischer Sicht interpretiert. Er glaubt, dass es ein Gewinn für den Bund wäre, wenn die Freimaurerei sich ihrer spirituellen Wurzeln wieder mehr bewusst wird und lernen würde, sie als Schatz anzunehmen. Aus seiner Sicht könnte der Bund dadurch seine Bedeutung für die Zukunft sichern, weil er den Menschen, in einer Zeit, in denen der "moderne" Mensch vielen Herausforderungen ausgesetzt ist, einen echten Mehrwert bieten kann.

Vorwort

Von jeher gab es in der Freimaurerei Diskussionen über richtig und falsch. Die Regularität war oft ein Thema. Und auch die Frage, ob die Freimaurerei auf die Dombauhütten zurückgeht oder ob vielleicht viel ältere Einflüsse zu finden sind, hat für Debatten gesorgt. Der Begriff des Großen Baumeisters aller Welten beschäftigt die Freimaurer seit Jahrhunderten und die Frage nach der Rolle der Religion hat die gesamte französische Freimaurerei in die Irregularität getrieben.

Schon Albert Pike beklagte in seinen Briefen, dass viele Freimaurer seiner Ansicht nach die Hintergründe des Rituals und der Symbolik nicht wirklich verstünden.

Pike steht wie kaum ein anderer für die esoterische Sichtweise auf die Freimaurerei. Das Internationale Freimaurerlexikon von Lennhoff und Posner schiebt diese Themen dagegen eher in den Hintergrund und interpretiert sie rein historisch. Autoren wie Hans-Herrmann Höhmann haben plausible Neuinterpretationen von Ritual und Symbolik veröffentlicht, die viele Maurer angesprochen haben und in denen der humanistische Ansatz mit der Spiritualität zusammengebracht wird. Andere wie Klaus-Jürgen Grün haben mit ihren Interpretationen und den Anfeindungen gegen den Freimaurer Orden stark polarisiert. So wie es aussieht gibt es die unterschiedlichsten Auslegungen, was denn nun die „wahre" oder „richtige" Freimaurerei ist.

Eine rein humanistische Interpretation der Freimaurerei ist hierzulande recht weit verbreitet. Vor allem die größte Großloge, die Großloge der Alten Freien und Angenommenen Maurer von Deutschland (A.F.u.A.M.v.D.) propagiert diese Sichtweise, auch wenn sie sich noch im Rahmen der von der United Grand Lodge of England (UGLE) gesetzten Bedingungen für die Regularität und Anerkennung bewegt. Die Große Landesloge der Freimaurer von Deutschland (Freimaurerorden) hält fest am christlichen Glauben, der auch im Gesamtsystem der zehn

Grade verankert ist. Die Große National-Mutterloge zu den drei Welt-kugeln stellt sich nach außen eher humanistisch dar, auch wenn ihre Rituale relativ viele christliche Bezüge beinhalten. In fast allen Hoch-gradsystemen finden sich zahlreiche christliche und auch mystische Ele-mente. Gleiches gilt für die British Freemasons in Germany.

In den Debatten über die „wahre Freimaurerei" werden oft Begriffe wie Spiritualität und Religiosität miteinander vermischt. Der Anteil der Frei-maurer, die den Bund streng an der christlichen Religion ausgerichtet betrachten, ist in Deutschland sehr klein. Allerdings gibt es eine große Zahl von Brüdern, die sich als areligiös und vielleicht sogar als atheis-tisch bezeichnen würden und trotzdem in der Freimaurerei einen gro-ßen spirituellen Anteil sehen. Viele Freimaurer betrachten sich auch als Agnostiker, also jemanden der zweifelt und Fragen hat. Eine für einen Freimaurer, der selber denken soll, sicher sehr passende Einstellung. Diese Vielfalt sollten wir wertschätzen und nicht zum Gegenstand von kleinkarierten Auseinandersetzungen machen.

Die Interpretation des „Supreme Being", die bei James Anderson in sei-nen „Alten Pflichten" beschrieben wurde, ist mannigfaltig und manche sagen heute nicht mehr relevant. Andere hingegen halten sie für essen-tiell, was dazu führt, dass über dieses Thema viel gestritten wird. Die Argumente, die einen personifizierten Gott als nicht wissenschaftlich und überkommen darstellen, mögen modern und vernünftig erschei-nen, treffen aber ins Leere bei den Brüdern, die im „Supreme Being" eher ein schöpferisches Prinzip, als einen Mann mit weißem Bart sehen. Diese wiederum sind den Freimaurern, die das „Supreme Being" eher als die Natur oder die Naturwissenschaften und ihre Gesetze betrach-ten, sehr nahe. Oft verengt sich die Debatte auf den Religionsbegriff der heutigen monotheistischen Religionen. Diese haben historisch bedingt natürlich ihre Spuren in der Freimaurerei hinterlassen. Viele Einflüsse in der Freimaurerei sind aber eher auf dem Gottes- oder Weltverständnis eines Pythagoras oder dem der alten Mysterientraditionen zurückzu-führen. In der Freimaurerei finden wir definitiv mehr „Meister Ek-kehart" als „Martin Luther". Zum Verständnis bedarf es also der Be-schäftigung mit all diesen Dingen und vor allem der Differenzierung.

Manche Brüder, die sich selbst als Atheisten bezeichnen, sind vielleicht eher den Pantheisten zuzuordnen, was dem ganzheitlichen Ansatz vieler Freimaurer entspricht. In der Freimaurerei geht es um ein Verständnis des eigenen Selbst im Verhältnis zur Welt. Freimaurer erkennen ein höheres Prinzip der Schöpfung an (eben das sogenannte „Supreme Being") ohne dass Freimaurerei selbst eine Religion wäre. Und ohne, dass dies zwingend Gott sein muss.

Zum Kosmos der Freimaurerei gehören aber eben auch die Brüder, die von einem vollkommen rationalistischen Weltbild geprägt sind. Auch diese leben ihr Freimaurersein mit großer Ernsthaftigkeit als Atheisten aus.

Die Freimaurerei sollte frei von Dogmen sein und daher sind Freimaurer unserer Ansicht keinem Gott Rechenschaft schuldig. Sie handeln eigenverantwortlich im Sinne einer höheren Ethik. Freimaurer sehen das schöpferische Prinzip auf unterschiedliche Art und Weise in jedem Teil des Universums. Wie die Hermetiker sagen; „Wie oben so unten, wie im Großen, so im Kleinen".

Es gibt Denkrichtungen aus der Antike, die großen Einfluss auf die Freimaurerei ausgeübt haben, wie z. B. die Lehren von Platons und Pythagoras. Diese haben in ihrer Systematik eine weitaus größere Nähe zur Freimaurerei als die monotheistischen Religionen.

Widmet man sich der freimaurerischen Literatur der vergangenen 100 Jahre, dann finden wir eine im Grunde sehr unfreimaurerische Debatte über die Auslegung und das Verständnis der Freimaurerei, die interessanterweise viel mehr von Rechthaberei als von Verständnis, vielmehr von Polarisierung als von Toleranz geprägt ist. So wie wir Brüder alle verschieden sind und unsere verschiedenen Intentionen im Bezug zur Freimaurerei haben, steht doch, bei aller Bedeutung der Historie, die Frage: Wie will Freimaurerei im 21. Jahrhundert ihre Daseinsberechtigung begründen? Hier scheinen sich im Wesentlichen (bei aller Vielfalt) zwei Strömungen herauszukristallisieren:

Die „introvertierte", die die Prioritäten auf die Bedeutung als Mysterienbund und esoterische Lehre versteht, und die „extrovertierte", die ihre Priorität in ihrem Wirken nach außen, in die Gesellschaft hinein, findet, teilweise unter partieller Preisgabe des Arkanums und der Vernachlässigung der Erforschung der freimaurerischen Wurzeln.

Ist es denkbar, dass diese beiden Strömungen gleichberechtigt nebeneinander zum Wohle der Freimaurerei arbeiten? Oder soll das Ziel sein, dass diese Strömungen irgendwann zusammenfließen? Oder wird es ein Konkurrenzkampf sein, ein Schisma, den nur eine der Strömungen langfristig überleben wird? Unsere Antwort auf diese Frage heißt „Einheit in der Vielfalt."

Wir sprechen immer von der Arbeit am Tempel der Humanität. Darunter verstehen die einen die Arbeit am eigenen Charakter und die anderen die Arbeit an der Gesellschaft. Im Endeffekt läuft beides auf einen positiven Effekt auf die Menschheit hinaus, und das ist gut und richtig so. Aber reicht dies aus? Keineswegs, denn, wenn wir an der Menschheit arbeiten wollen, so muss uns ein Idealweg der Entwicklung vorschweben. Diesen in groben Zügen zu kennzeichnen, dafür haben wir unsere Lehrmeinung, dafür haben wir das hiernach bearbeitete Ritual.

Wenn wir diesen Gedanken verfolgen, dann heben wir die Unterschiede in den Lehrmeinungen der verschiedenen Lehrarten über kleinliche Streitereien um Worte und Äußerlichkeiten des Rituals hinaus. Dann erblicken wir in ihnen den Ausfluss unterschiedlicher Auffassungen über den Gang der Menschheitsentwicklung. Solche Unterschiede aber müssen wir achten und ehren. Hierbei handelt es sich um eine Angelegenheit, über die nicht nur eine einzige Anschauung bestehen kann.

Müßig ist jeder Streit darum, wer Recht hat. Es irrt der Mensch, so lange er strebt. Nur darauf kommt es an, dass jeder den Wunsch und den Willen hat, sich nach seinem Können und seinen Fähigkeiten mit den Rätseln der Allmacht und der Unendlichkeit auseinanderzusetzen.

Immer wieder gab es Diskussionen darüber, ob sich was an der Freimaurerei ändern muss, und wenn ja, was? Rituale wurden geändert und modernisiert, aber die Frage, ob dies zu einer modernen und zukunftsfähigen Maurerei beitragen kann, bleibt bis heute unbeantwortet. Gerade in den letzten Jahren erstarkt diese Debatte wieder und man meint fast

Flügeldiskussionen zu erleben. „Wir müssen uns öffnen!", wird gefordert und: „Wir wollen das Image des Geheimbundes loswerden." Bücher erscheinen, deren Autoren die humanitäre Freimaurerei loben und damit nach ihren Vorstellungen auf dem Weg zu einer „modernen" Freimaurerei sind.

Andere sehen genau in der Rückbesinnung auf die alten, heute oft verborgenen Inhalte einen Weg, junge Menschen noch stärker zu erreichen. Sie betrachten die intensive Arbeit an sich selbst und die geistige und spirituelle Entwicklung als zentralen Ansatz der Freimaurerei. Wieder andere beharren auf dem: „Das war schon immer so und das aus gutem Grund, deswegen brauchen wir auch keine Veränderung".

Für manche kann eine zukunftsfähige Freimaurerei nur eine humanistische sein, für andere wiederum würde sie damit ihre Essenz verlieren. Sollte die Freimaurerei ein Service-Club werden oder eben genau dies nicht? Wo fängt Modernität an und wo wird sie zur Profanisierung? Die Meinungen dazu sind vielfältig, und es wird viel Energie darauf verwendet, die jeweils andere Ansicht als überkommen, konservativ oder ewiggestrig oder andererseits als profan und entstellend zu brandmarken.

Alle Seiten führen nachvollziehbare Argumente für ihre jeweilige Position an und alle Gruppen haben das Recht, ernstgenommen zu werden, so lange sie sich offen der Diskussion stellen. Die Auseinandersetzung mit unterschiedlichen Ansichten sind immer ein Gewinn, denn sie bringt den einzelnen Bruder oder die Schwester immer weiter auf dem Weg zur eigenen Erkenntnis.

Der Diskurs zu diesen Themen verläuft aber leider in vielen Fällen nicht nach brüderlichen Werten, sondern geht im Gegenteil oft mit Streit und Kränkung einher. Wieso wird diese Debatte so polarisiert und heftig geführt? Und warum schaffen wir es nicht, stattdessen die Vielfalt in unserem Bund wirklich zu leben und wertzuschätzen?

René Schon und Kai Stührenberg sind Brüder, die die Freimaurerei sehr ernst nehmen. Beide haben unterschiedliche Wurzeln und setzen in der Freimaurerei sehr unterschiedliche Schwerpunkte. Das Ziel dieses Buches soll es sein, die unterschiedlichen Sichtweisen und Interpretationen der Freimaurerei zu verdeutlichen und dabei das Gemeinsame herauszustellen. Vereint in der Vielfalt und frei von Dogmen bietet die Freimaurerei eine Vielzahl von Möglichkeiten zur persönlichen Entwicklung und für die Gesellschaft als Ganzes. Welchen Wert hat diese Vielfalt, wie können wir damit umgehen und vor allem welches Kapital können wir daraus für die Maurerei der Zukunft ziehen? Diese Fragen sollen auf den folgenden Seiten erörtert werden.

Die Autoren haben in diesem Buch neue Texte mit bereits vorhandenen Vorträgen kombiniert. Bewusst haben wir uns dagegen entschieden, kenntlich zu machen, von welchem Autor welcher Satz kommt. Zu groß wäre die Versuchung für den Leser, sich schnell einer Position zuzuordnen und von dieser ausgehend sich selbst zu bestätigen. Genau aber das sollte vermieden werden. Es ist nicht wichtig, wer etwas schreibt, und zur Beurteilung einer Aussage bedarf es auch nicht der Zuordnung zum einen oder anderen Lager. Wir laden den Leser ein, sich einfach auf das geschriebene Wort einzulassen. Frei von der eigenen Positionierung. Ganz im Sinne der freimaurerischen Offenheit und Toleranz, die wir so gerne für uns in Anspruch nehmen.

Rene und Kai identifizieren sich also jeweils nicht mit jedem Satz in diesem Buch, sondern betrachten lediglich jede Aussage als eine legitime freimaurerische Sichtweise, der sie mit Respekt begegnen und die sie als mögliche Option für die Freimaurerei annehmen.

Absolute Einigkeit herrscht bei uns aber darüber, dass weder Vereinsmeierei, Postengeschachere und Formaldiskussionen, das freimaurerische Leben bestimmen sollten. Wenn die Freimaurerei eine Zukunft haben soll, dann muss sie sich davon mehr und mehr lösen und wieder zu echten Inhalten kommen, Brüdern und Schwestern einen echten Mehrwert bieten und Wert auf die Tiefe und das Verständnis des Rituals legen.

Nur so laufen wir nicht Gefahr irgendwann als anachronistischer Männerverein mit historischem Tand zu enden, sondern ein wirksamer Ethikbund zu sein, in dem der Bruder und die Schwester sich wirklich entwickeln können und der dadurch auch eine gesellschaftliche Relevanz bekommt.

Die drei Kategorien in der deutschen Freimaurerei

Im Grunde ist die Freimaurerei zu komplex, um sie in nur drei Ebenen einzuteilen. Bei längerer Betrachtung kristallisieren sich aber für die Deutsche Freimaurerei doch drei Kategorien von Freimaurern heraus, die wir näher beschreiben möchten.

Die Grenzen sind natürlich fließend und das Entscheidende ist, dass alle Ebenen miteinander verbunden sind. Es ist wesentlich, dass die drei Ebenen untrennbare Bestandteile der Freimaurerei sind und keine dieser Ebenen wichtiger oder bedeutsamer ist als die andere.

Es ist durchaus möglich, dass sich ein Bruder oder eine Schwester zuerst der einen Gruppe zugehörig fühlen und später andere Themen für sie wichtiger werden. Meistens sind es konkrete Motivationen und Gefühle, nach denen man sucht, die diese Selbstverortung bestimmen. In vielen Fällen behält aber für den Freimaurer die Ebene die größte Bedeutung, die ihn auch in die Loge gebracht hat.

Es ist so falsch wie menschlich, diese Ebene, der man sich selbst am verbundensten fühlt, als die „richtige Lehre" zu bezeichnen oder Argumente dafür zu finden, warum die anderen Ebenen falsch oder überflüssig sind. Genauso falsch und menschlich ist es, sich von den anderen Ebenen abzugrenzen. Dies wiederspricht dem Postulat der Brüderlichkeit und der Toleranz.

Die größten Probleme entstehen, wenn man selbst eine verdrängte Ahnung davon hat, dass die eigene Ebene vielleicht weniger bedeutsam sein könnte. Hier erlebt man die stärksten Abgrenzungs-, Verteidigungs- und Missionierungseffekte.

Es ist menschlich also nachvollziehbar aber eben nicht wirklich zielführend, wenn man sich nur damit beschäftigt, die eigene Position zu verteidigen und sich nicht auf die Vielfalt der Freimaurerei einlassen will. Man verzichtet aber auf viele Erkenntnisse und auf Gemeinsamkeiten mit vielen wertvollen Brüdern. Vor allem führt dieser Ansatz nicht zur

Harmonie im Bund und wirkt nach außen alles andere als den freimaurerischen Werten entsprechend.

In der Grafik sehen wir die drei Hauptkategorien und in den jeweiligen Blasen dann die unterschiedlichen Interessen und Attribute, welche für den einzelnen Bruder oder die Schwester von Bedeutung sind.

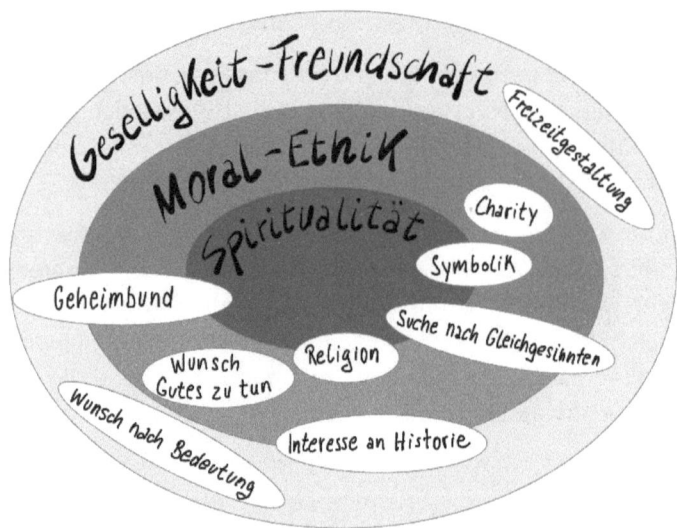

Lehrarten und Denkweisen

Nur gemeinsam sind wir stark! Das ist vielleicht ein Allgemeinplatz aber gerade für unseren Bund ist er von zentraler Bedeutung.

In Deutschland ist vieles komplizierter als in anderen Ländern. Wir haben es nicht geschafft, uns unter einer Großloge zu vereinigen, und dass, obwohl wir keine 15.000 Freimaurer in diesem Land sind. Wir haben aber einen Dachverband, die Vereinigten Großlogen von Deutschland (VGLvD) [1] , unter dem die fünf Großlogen der Freimaurer in Deutschland zusammengefasst sind.

Es gibt die Großloge der Alten Freien und Angenommenen Maurer von Deutschland (A.F.u.A.M.v.D) [2] , die eine Mehrzahl der Brüder unter ihrem Dach versammelt. Diese Großloge ist in der Öffentlichkeit oft Wortführer, und so kann manchmal der Eindruck entstehen, dass die A.F.u.A.M.v.D für die deutschen Freimaurer spricht. Es gibt die Große Landesloge der Freimaurer von Deutschland - Freimaurerorden (FO) [3] , die sich aus dem Schwedischen System entwickelt hat und mit ihren zehn Graden eine stärker spirituell ausgerichtete Lehrart darstellt, mit klaren christlichen Bezügen. Es gibt die Große National-Mutterloge Zu den drei Weltkugeln (kurz: 3WK) [4] , die aus der Strikten Observanz und der Royal-York-Historie kommt und irgendwie zwischen beiden Welten zu existieren scheint, weiterhin noch zwei kleinere Logen, die ihre Ursprünge in der Besatzungszeit nach dem Zweiten Weltkrieg hatten: die American Canadian Grand Lodge (ACGL) und die Grand Lodge of British Freemansons in Germany (BFG).

---

[1] www.freimaurer.org
[2] www.freimaurerei.de
[3] www.freimaurerorden.de
[4] www.3wk.online

Wenn man die Logen unterschiedlicher Lehrarten besucht, dann stellt man neben der Häufigkeit oder Absenz von bestimmten religiösen Begriffen im Grunde kaum Unterschiede fest. Zumindest nicht in den ersten drei Graden. Diese sind kaum größer, als es für die meisten Maurer auch unterschiedliche Rituale nach Schröder oder Fessler sind.

Für einen toleranten, offenen, aufklärerischen Geist könnten diese Unterschiede einfach Motivation und Erbauung sein, und doch entzünden sich an ihnen Richtungsstreits. Dass dies diametral dem Gedanken der Freimaurerei widerspricht, scheint dabei kaum einem aufzufallen.

Schon die Ancients und Moderns haben sich über die „richtigen Rituale" gestritten. Es gab Abspaltungen und starke Auseinandersetzungen. Obwohl extrem unfreimaurerisch ging es schon zu Beginn der Freimaurerei um das Rechthaben. Studiert man die Geschichte tiefer, fällt auf, dass es zumeist nicht inhaltliche Auseinandersetzungen waren welcher Ritualbestrandteil wohl der richtige sein könnte, sondern vielmehr darum, wer was gesagt, hat, wer Recht hat und wem man vielleicht gerne eins auswischen wollte. Es ging also um profane menschliche Eitelkeiten, über genau die wir uns als Freimaurer ja mit zunehmender Reife erheben sollten und eben nicht wirklich um die Inhalte. Diese waren oft mehr die Projektionsfläche für die persönlichen Befindlichkeiten.

Beim Vergleich der Lehrarten fällt immer wieder auf, dass die Freimaurerei ein großes Puzzle ist. Geht man davon aus, dass man bei der AFuAM nur humanitäre Ansätze findet, wundert man sich über die alchemistischen Bestandteile, z.B. in Bezug auf die Elemente. Besucht man den Orden und erwartet Jesus Bilder trifft man dort auf ägyptische Mythologie.

Geht man zur 3WK findet man das Hexagramm dort wo andere Lehrarten das Pentagramm zeigen. Bei der ACGL erlebt man Formalia in der Loge. Das Pentagramm steht im Freimaurerorden auf dem Kopf und die Eide sind bei der einen Lehrart unendlich lang, bei der anderen werden sie nur angedeutet. Beim Besuchen unterschiedlicher Lehrarten wird aber schnell deutlich, dass alles aus dem gleichen Fundus schöpft. Im Laufe der Jahrhunderte haben sich Rituale verändert. Nicht jede dieser

Änderungen war klug und durchdacht. Manches wurde bei der Kürzung aus dem Sinn gerissen. Manches, das lange einer sprachlichen Überarbeitung bedurft hätte, wurde dagegen so gelassen wie es war. Beim erleben dieser Rituale merkt der aufmerksame Freimaurer aber sehr schnell, dass sich die Rituale auch ergänzen. Mancher Sinnzusammenhang wird einem erst klar, wenn man ein anderes Ritual besucht hat, wo genau dieses Puzzlesteinchen vorkommt.

Die unterschiedlichen Lehrarten sollten daher niemals Gegenstand von Auseinandersetzungen sein, sondern sie sollten vielmehr wertgeschätzt werden. Es ist viel gewinnbringender über unterschiedliche Auslegung zu diskutieren, um voneinander zu lernen, als darüber welche Auslegung die richtige ist.

Das Phänomen der unterschiedlichen Lehrarten ist ein spezifisch deutsches. Im Sinne der Weltfreimaurerei sollten wir es dankbar annehmen, dass man uns seitens der UGLE (United Grand Lodge of England) diese Vielfalt lässt und daraus das Beste machen.

Wir haben mit der VGL ein verbindendes Glied, dass in seiner Bedeutung nicht überschätzt werden kann. Wir sollten dieses Sprachrohr und diese Instanz immer wieder nutzen, um der Welt und den Brüdern und Schwestern zu zeigen, dass wir Toleranz und Vielfalt leben. Dass wir die Andersartigkeiten wertschätzen können und dass wir uns nicht in kleinlichen Auseinandersetzungen damit beschäftigen, wer nun mehr Recht hat. Diese Zurückhaltung ist die Aufgabe aller Obödienzen – sich selber zurücknehmen im Sinne der gesamten Deutschen Freimaurerei und auch darüber hinaus.

Ein Stück weit ist das Bedürfnis nach Abgrenzung normal. Aber wir Freimaurer sollten aufgrund unserer jahrelangen Arbeit am eigenen Stein, dieses Bedürfnis in den Griff bekommen und diesen Impuls transzendieren können. Nur die übergreifende Sichtweise, das Erkennen von Gemeinsamkeiten und die Absenz kleinlicher Auseinandersetzungen hilft der Freimaurerei auf Sicht zu größerer Bedeutung. Nur wenn wir die Stärke der Gemeinsamkeiten erkennen und mit Überzeugung leben, können wir eine moderne Freimaurerei entwickeln, die zukunftsfähig ist und den Menschen als Bund eine echte Alternative bietet.

Humanität und Ethik verlangt das über den eigenen Tellerrand hinwegschauen und den Respekt vor der Andersartigkeit. Wer sich selber oder die Gruppe zu der er gehört als das Maß der Dinge betrachtet, der hat noch nicht ausgiebig genug an seinem Stein gearbeitet. Das sollte uns allen klar sein.

Wir sind eine kleine Gruppe in Deutschland. Umso wichtiger ist, dass wir Einheit in der Vielfalt ernst nehmen und uns gegenseitig stärken. Jeder Ansatz, uns selber zu zersplittern, indem wir uns Richtungsstreits hingeben, kann nur zur Schwächung des Bundes führen.

Immer wenn wir die Problematik bei den anderen sehen, sollte uns bewusst sein, dass wir wahrscheinlich gerade von uns selber ablenken. Primär sollten wir uns darüber Gedanken machen, was wir zur Stärkung des Bundes beitragen können und nicht, wie der andere ihm ggf. schadet.

Wir sollten uns auch immer bewusst sein, dass jede Handlung nicht nur auf uns, sondern auch auf andere Brüder Auswirkungen hat. Daher ist es insbesondere in der öffentlichen Debatte wichtig, dass wir uns nicht streiten, dass wir unser Arkanum wahren und dass wir in den öffentlichen Debatten dokumentieren, dass Toleranz und Brüderlichkeit aktiv gelebte Werte sind. Das gilt für die Obödienzen genauso, wie für jeden einzelnen Freimaurer oder Freimaurerin.

Vom Ursprung der Freimaurerei und ihrer Symbolik

Ist es für die moderne Freimaurerei wichtig, wo sie herkommt? Oder ist es an der Zeit, die Freimaurerei ganz neu zu formulieren? Wie dem auch sei, wenn man etwas neu machen will, muss man sich erstmal mit dem Status Quo auseinandersetzen und die Inhalte in der Tiefe verstehen.

Mit dem Begriff „Humanität" haben wir keine großen Probleme, denn hier herrscht Konsens. Mit der Verwendung des Wortes „Spiritualität" kann man dagegen eine Menge Verunsicherung unter Brüdern und Schwestern erzeugen. Man mag kaum glauben, dass in einem Bund mit einer so vielfältigen Symbolik, die Definition dieses Begriffes keine Selbstverständlichkeit ist. Offenbar ist das Bewusstsein für diese Dimension der Freimaurerei in großem Maße aus den Logen verschwunden. Trotz berühmter Autoren wie August Horneffer, Albert Pike oder Alfried Lehner haben viele Brüder offensichtlich vergessen oder nie vermittelt bekommen, wie facettenreich die Freimaurerei ist.

Die Liste der Autoren könnte noch weiter fortgeführt werden. Hier keinen Bezug zur Spiritualität zu erkennen, scheint geradezu unmöglich.

In der Freimaurerei finden wir viele Elemente, die man auch in anderen Verbindungen, Religionen und Bünden, wie dem Golden Dawn, den Rosenkreuzern, den Tempelrittern oder auch den Theosophen oder Anthroposophen findet. Vieles deutet auf Verbindungen bezüglich Ritual und Symbolik zwischen den einzelnen Gruppierungen hin, und von einigen Protagonisten weiß man, dass sie selbst Freimaurer waren. Ob diese Dinge heute noch von Relevanz sind, das ist zu überprüfen. Die Wahrscheinlichkeit, dass all das heute vollkommen überflüssig sein soll, ist allerdings gering.

Die Freimaurerei fußt auf den Werkbünden des Mittelalters. Diese Theorie ist historisch weitestgehend belegt. Zumindest zulässig ist auch die Vermutung, dass manche Wurzel auch auf alte Lehren, wie z.B. die von

Pythagoras beruht. Denn die Parallelen sind frappierend und in manchen Lehrarten, wie z. B. im Freimaurerorden, deutlich sichtbar. Nachweisen lässt sich das alles heute nicht mehr.

Eine weitere Quelle der Symbolik sind neben der Bauhüttentradition mit Sicherheit auch die hermetischen und rosenkreuzerischen Aspekte, die in der Renaissance von großer Bedeutung waren. Hinzu kommen noch mystische und kabbalistische Inhalte, zumindest in den Hochgraden. Manch einer führt die Freimaurerei sogar auf die Templer zurück.

Alles zusammengenommen, haben wir es bei der heutigen Freimaurerei mit einem eklektischen System zu tun, in dem die unterschiedlichsten Einflüsse zusammengeflossen sind und auch wenn viele Bücher darüber geschrieben wurden, wohl keiner mit Fug und Recht die Entwicklungslinie mit allen Quellen in absoluter Sicherheit beschreiben kann.

Möglich ist auch, dass die einzelnen Ausprägungen der Freimaurerei jeweils nur aus den älteren entstanden sind? Wurden die Rituale der Werkmeister vielleicht nur genutzt, um eine alte Tradition in eine neue Zeit zu überführen? Oder gab es einfach verschiedene Strömungen, die sich miteinander verbunden und vermischt haben, so dass wir heute als Freimaurer christliche Traditionen, hermetisches Wissen und die Riten der Kathedralen Erbauer miteinander vereinen?

Das Aufnahmeritual unterscheidet sich nicht sehr von vielen anderen Initiationsriten der verschiedenen religiösen oder okkulten Bewegungen und Bünde. Hiram Abif war Baumeister, entstammt der Zeit König Salomons und schlägt die Brücke der Freimaurerei zum Alten Testament. Wieso wurde im 18. Jahrhundert auf diese Personen und Symbole Bezug genommen und ihre Geschichten mit denen der mittelalterlichen Werkbünde verknüpft? Ist das nur allegorisch zu sehen oder gab es vielleicht doch konstante Verbindungen in diese alte Zeit hinein? Man kann dies zumindest als Möglichkeit in Betracht ziehen.

Nur wer hier weiter forschen will, der sei auf die Arbeiten von Autoren wie z.B. Jan Snoek in der Forschungslote Frederik verwiesen.

Werfen wir einen Blick auf die Symbolik, so finden wir dort Pentagramm, Hexagramm, Sonne und andere Symbole, die allesamt einer esoterischen Tradition entspringen. Ist das nur schnöder Tand oder wohnt diesen Symbolen eine höhere Bedeutung inne? Irgendjemand muss sich darüber Gedanken gemacht haben, als unsere Tempel gebaut wurden. Sehen wir uns im Tempel um, dann haben wir den Teppich mit dem Tempel Salomons, umgeben von vielen weiteren Symbolen, die allesamt eine höhere Bedeutung haben. Schauen wir uns das „B" und das „J" auf den Säulen an, dann erkennen wir viel von dem, was uns auch die Tarot-Karte „Die Hohepriesterin" zeigt. Der Meister spricht davon, dass das göttliche Licht die Brüder erleuchten soll. Wir arbeiten, wie alle anderen spirituellen Bewegungen, im geweihten Tempel, besitzen einen Altar wie in der Kirche. Unser Tempel ist nach den Himmelsrichtungen ausgerichtet, wir haben den Meister vom Stuhl im Osten, der die Sonne – also das Licht oder die Erleuchtung – symbolisiert, ein flammender Stern zeigt uns den Weg des Gesellen. Der spirituelle oder auch esoterische Ansatz ist schnell erklärt und er findet sich in allen Schulen in ähnlicher Form wieder. Diese Bezüge sind vorhanden, ob man es nun will oder nicht.

Anders als im heutigen Christentum, in dem man hier auf Erden gut wirken soll, um dann im Himmel bei Gott aufgenommen zu werden, geht die esoterische Philosophie davon aus, dass unser Körper eine durch den Sündenfall aus dem ursprünglichen Zustand gefallene Seele beherbergt, die sich so lange in der dualen Welt inkarnieren muss, bis sie die Gegensätze der Dialektik (gut/böse, Tag/Nacht, männlich/weiblich usw.) überwunden, die Elemente Feuer, Wasser, Erde und Luft in ein ausgewogenes Verhältnis gebracht hat, das Ego besiegt und so die Fähigkeit erlangt hat, wieder Teil von Gott zu werden, Erleuchtung zu erfahren oder ins Nirwana einzugehen. Dieser Zustand wird auch mit dem Licht in Verbindung gebracht oder dem Hexagramm.

Spiritualität bedeutet geistlich und geistig die Verbindung zum Höheren, für manche auch dem Außerweltlichen. Wenn wir vom Allmächtigen Baumeister aller Welten sprechen, dann meinen wir als Brüder und Schwestern die verschiedensten Dinge. Gott, Allah, die große Macht, das Transzendente, die übermenschliche Instanz, die Unendlichkeit, die große Weisheit, Natur oder was auch sonst – jedenfalls ist dieser Begriff im Kern spirituell. Der Weg zur Erleuchtung ist für jeden ein individueller. Die Dinge, die einem im Leben widerfahren, sollen dazu beitragen, auf der Stufe der Entwicklung immer weiter voranzuschreiten.

Dieses Prinzip findet man im Hinduismus, im Buddhismus, selbst im Urchristentum, aber auch bei den Rosenkreuzern, den Katharern, den Tempelrittern und vielen anderen. Selbst die magischen Schulen von Eliphas Levy oder des Golden Dawn oder von Franz Bardon greifen dieses Prinzip auf. Es scheint ihm also eine universelle Wahrheit innezuwohnen, die sich über die Jahrtausende in der Welt gehalten hat. Doch welchen Bezug hat nun die Freimaurerei dazu?

Die Hochgrade – sinnvolle Ergänzung oder Spinnerei?

Seit weit über hundert Jahren wird über den Sinn oder Unsinn von Hochgraden diskutiert. Dabei geht es selten darum, ob man für sich die Hochgrade erobern möchte oder nicht, sondern, je nachdem wie man dazu steht, versucht man dem Anderen nachzuweisen, warum seine Position falsch ist. Die Vehemenz, mit der manch einer bereits in der Frühzeit der Freimaurerei gegen die Hochgrade zu Felde gezogen ist, stimmt nachdenklich.

Alle Lehrarten haben ein Hochgradsystem, die mitunter auch als weiterführende oder ergänzende Grade bezeichnet werden. Den Brüdern der A.F.u.A.M.v.D steht der 33 Grad umfassende Alte und Angenommene Schottische Ritus (AASR)[5] offen, der sich in Deutschland verpflichtet hat, bis auf wenige Ausnahmen, die drei Johannisgrade nicht zu bearbeiten. Der FO hat sein zehngradiges System. Bei den 3WK gibt es nach den drei blauen Graden vier aufbauende Erkenntnisstufen. Darüber hinaus existieren noch ein Innerer Orient sowie der York Ritus. Es scheint also irgendetwas mit der Freimaurerei zu tun zu haben, dass man diese Möglichkeiten der Weiterentwicklung bietet.

Die Debatte darüber ist mehr als absurd, denn man könnte es dabei belassen, dass jeder Bruder diese Frage ganz allein für sich beantwortet. Man könnte provokativ argumentieren, dass es ebenso Unfug wäre, wenn ein Hauptschüler dem Abiturienten erklärte, dass die höheren Klassen ab der 10. Stufe für das Leben keinen Sinn machten und alles Wichtige bereits in den ersten zehn Klassen enthalten ist. Doch mit dieser polemischen Argumentation wäre schon eine unzulässige Wertung verbunden. Sagen wir es doch lieber so: Der Handballer braucht den Vereinskollegen nicht davon überzeugen, dass es besser ist, den Ball mit der Hand zu bewegen als mit dem Fuß. Denn im Grunde bewegen sich beide, tun was für ihre Gesundheit und zahlen ihren Mitgliedsbeitrag.

---

[5] www.aasr.net/

Hochgrade bieten dem interessierten Bruder oder der Schwester die Möglichkeit, neue Sichtweisen auf bekannte Inhalte zu werfen. Dies kann durchaus ein Gewinn sein. Zwingend ist die Arbeit in den Hochgraden definitiv nicht.

Es gibt sicher auch Anhänger der Hochgrade, die einem „reinen" Johannisbruder vorwerfen würden, dass er sich nicht „weiterentwickle". Andersherum gibt es Johannisbrüder, die sich sehr viel Mühe geben, die Hochgradambitionen ihrer Brüder zu verdammen oder ins Lächerliche zu ziehen. Aus unserer Sicht ist beides ein äußerst unbrüderlicher und ignoranter Vorgang, für den wir auch noch keine vernünftigen Argumente gehört haben.

Woher kommt der Impuls, dass alles, was man für sich selbst nicht als notwendig erachtet, generell als falsch verdammt? Müssten wir Freimaurer nicht wenigstens in der Lage sein, Unterschiede anzuerkennen und sich über den Bruder oder die Schwester zu freuen, der oder die Anregung und Input der Hochgrade schätzen, auch wenn man es für sich selbst nicht als sinnvoll erachtet? Oder ist es mehr etwas wie eine eigene Rechtfertigung, dass man sich mit bestimmten Dingen nicht befassen will und sie deshalb gänzlich in Frage stellt?

Es gibt unterschiedliche Interessen und unterschiedliche Brüder und Schwestern. Und so wie man an der Universität bestimmte Fachgebiete vertiefen kann, die den Studierenden besonders interessieren, so sollte man auch die teilweise jahrhundertealten Hochgrade als Spezialisierung verstehen, die weder notwendig noch überflüssig sind. Sie sind einfach ein Angebot., dass die Freimaurerei für Brüder und Schwestern bereithält.

Humanismus vs. Spiritualität

Bei Gästeabenden wird man manchmal mit der Frage konfrontiert, welche Rolle die Spiritualität in der Freimaurerei spielt. Auf die Frage des Suchenden wird diesem oft zurückhaltend geantwortet, mit der Tendenz, dass die Freimaurerei eher wenig mit Spiritualität zu tun habe. Aber ist das richtig? Sollte es wirklich so sein, dass die Loge nur ein Männer- oder Frauenstammtisch mit Regeln ist?

Nun zuallererst beschreibt auch die Freimaurerei einen Weg. Beginnend mit der Aufnahme, bei der der Weg des Suchenden vorgezeichnet ist. Dem Individuum wird deutlich gemacht, dass das Ego nichts ist und es darum geht, das Licht zu erkennen. Später folgen dann Stufe um Stufe durch die Grade. Im Grunde ist der freimaurerische Weg vergleichbar mit dem Weg durch die Inkarnationen. Er ist Versuch, wie in vielen anderen Einweihungsschulen, die Strecke zur Erleuchtung abzukürzen und schon in einem Leben diesen Zustand zu erreichen, den rauen Stein zu glätten und von einer Erkenntnisstufe zur nächsten emporzusteigen. So wie in der esoterischen Philosophie jeder an den Platz gestellt wird, der seiner spirituellen Reife am besten entspricht und wo er die Aufgaben bewältigen kann, die auf seinem Erkenntnisweg die richtigen sind, so sollte auch in der Loge für jeden ein Rahmen bestehen, in dem er das tun kann, was ihn freut, fordert und bewegt.

Die Geselligkeit und die Brüderlichkeit sind wichtige Formen des Umgangs für das Individuum und die Gruppe. Das weltliche Logenleben schult den Umgang mit Konflikten und anderen Menschen und motiviert dazu, Zirkel und Winkelmaß anzulegen, um zu prüfen, inwieweit das eigene Verhalten den ethischen Werten der Freimaurerei entspricht. Die Arbeit im Tempel ermöglicht Ruhe und Einkehr, und die Konfrontation mit Ritual und Symbolik verschafft der Seele individuell die Möglichkeit, damit in Resonanz zu gehen.

Die Loge kann aber noch viel mehr. Es gibt kaum einen anderen Ort, an dem man sich so öffnen kann, an dem man sich austauschen kann über die Erlebnisse des Alltags, aber auch über die inneren Konflikte und Gefühle. Warum nutzen wir das nicht, um dort, wo es passt, auch unser freimaurerisches Instrumentarium ins Spiel zu bringen, es in Bezug zu unseren Erlebnissen zu setzen und dadurch das Wissen der Jahrhunderte und die Kraft der Logenmitglieder für uns noch werthaltiger zu machen. Die Loge hilft uns, unsere ethischen und moralischen Qualitäten zu schärfen und uns zu einem wahren Meister zu entwickeln. Als solcher können wir dann in der Welt wirken.

Wir nennen uns „die Geweihten" und sprechen über „die Profanen". Wir sollten aufpassen, dass unsere Logen nicht irgendwann als „profan" bezeichnet werden müssen, weil sich das Logenleben nicht mehr unterscheidet von gewöhnlichen Serviceclubs oder Country-Clubs?

Wir sollten daher vor Begriffen wie Esoterik und Spiritualität nicht impulshaft zurückschrecken auch wenn wir mit diesen Begriffen nicht so viel anfangen können. Es ist klar, dass wir nicht in Birkenstockschuhen Bäume umarmen und auch nicht im Schneidersitz Mantras murmeln. Wer das gerne tun möchte, soll es tun, aber es ist nicht die Form, die wir als Freimaurer pflegen. Dafür gibt es andere Bünde. Wir sollten aber nie vergessen, dass die Freimaurerei eine tiefe spirituelle Ebene in sich trägt und wir sie, immer wenn wir das wollen, für uns erschließen können, und sei es auch nur bei der Betrachtung und dem Erleben eines Symbols.

Wer als Freimaurer aufgenommen wurde, hatte in dem Augenblick, in dem das Tuch von seinen Augen genommen und er das Licht erblickt hat, tief in seinem Herzen ein Erlebnis. Und dieses Erlebnis ist kein rationales, sondern ein spirituelles gewesen. Legen wir einfach unsere Scheu und Vorurteile vor diesen Dingen ab und nehmen wir die spirituelle Kraft des Rituals und des freimaurerischen Weges an. Wir können das in der Intensität und Form machen, die wir für richtig erachten, aber wir sollten den Rahmen, der uns als Freimaurer gegeben ist, nutzen, denn in diesem Leben hat uns die Loge aufgenommen, und das ist unsere Möglichkeit, die wir für unseren Weg nutzen sollten.

Die spirituellen Ansätze dürfen aber in der Freimaurerei auch nicht Überhand nehmen, denn sonst ist die Gefahr groß, abzudriften und den Fokus auf die Arbeit an uns selbst und an einer besseren Welt zu verlieren.

Die Bedeutung der Freimaurerei als ethischer und moralischer Bund sollte immer im Vordergrund stehen und eine neue Kraft entwickeln, die dazu führt, dass wir auch in der heutigen Zeit noch etwas bewegen können. Worum es geht ist Veränderung und Modernisierung, ohne die Wurzeln zu verleugnen oder zu vernichten.

Wer also nach Spiritualität in den Logen sucht, egal in welcher Form, ob esoterisch oder eher weltlich, den sollten wir als wahren Suchenden begrüßen, genauso wie einen oder eine, die nach intellektuellem Austausch und ethischer Vervollkommnung strebt. Jeder, der ernsthaft an sich arbeiten möchte ist eine Bereicherung des Bundes in seiner Vielfältigkeit. Wir sollten ihm, unabhängig von unserem eigenen Verhältnis zum Bund erläutern, dass die Freimaurerei auf alle Fälle viel zu bieten hat – wie wir es auch immer selber bezeichnen würden.

Beim Studium des Freimaurerlexikons und anderer Schriften kann der Leser immer wieder eine geradezu auffällige Distanzierung von Begriffen wie Spiritualität und Esoterik wahrnehmen. Das ist auch im Grunde richtig, denn die Gefahr ist groß, dass die Freimaurerei mit der Trivial-Esoterik aus dem Buchladen verwechselt wird. Selbstverständlich ist der Humanismus und das Weltliche ein unverzichtbarer Bestandteil unseres Bundes. Aber auch wenn viele Brüder Berührungsängste bei Themen wie Spiritualität und Esoterik haben, so kommen wir, wie oben beschrieben bei näherer Betrachtung nicht umhin, dass diese Bereiche nicht nur zur Freimaurerei in vergangenen Zeiten gehört haben, sondern dass diese Inhalte auch heute noch für viele Brüder ein wesentlicher Bestandteil ihrer maurerischen Arbeit sind.

Nicht jeder Bruder kann etwas mit dieser Thematik anfangen. Manch einer fühlt sich sogar abgestoßen. Aber genau darum geht es. Man muss nicht in der Freimaurerei einen spirituellen Erleuchtungsweg sehen, um spirituell zu arbeiten. Es geht darum, die Ansätze, die man in der Freimaurerei in der Symbolik an vielen Orten findet, für sich einmal zu durchdenken. Sich mit den Symbolen zu beschäftigen und vor allem sich Zeit zu nehmen, sich mit sich selbst und den Inhalten zu beschäftigen. Auf diese Weise entsteht ganz automatisch eine Spiritualität, die den einzelnen Bruder oder die Schwester weiter bringt auf dem Weg der eigenen Erkenntnis.

Offenheit für Neues ist eine wesentliche Eigenschaft für den Freimaurer. Spiritualität geht auch ganz ohne Esoterik, wie viele Brüder immer wieder beweisen. Das Wort kommt von „Geist" und das ist die Essenz. Es geht um die geistige Arbeit, ob unter esoterischen Gesichtspunkten, psychologischen oder intellektuellen. Die geistige Arbeit ist die Basis des Humanismus und daher sollten wir alle Spielarten der geistigen Arbeit in der Freimaurerei wertschätzen.

Humanismus und Spiritualität sind kein Widerspruch, sondern sich ergänzende Begriffe. Wer ernsthaft an seiner humanistischen Entwicklung arbeiten will, dem hilft das spirituelle Erleben im Ritual. Ohne Spiritualität sind wir nur ein Verein für Ethik und Moral und dafür gibt es vielleicht bessere Gruppierungen als die Freimaurerei.

Vielleicht bedarf es für einen Ethikbund, in dem die Mitglieder wirklich intensiv an sich arbeiten wollen, dass wir uns den unterschiedlichen Begrifflichkeiten öffnen und uns von Vorurteilen befreien. Humanismus darf für uns Freimaurer auch keine leere Hülle sein, sondern muss von jedem Bruder und jeder Schwester mit Inhalten gefüllt werden. Um das zu tun bedarf es der Arbeit am eigenen rauen Stein und am besten auch einem spirituellen Zugang.

Sind Freimaurer Vereinsmeier?

In der modernen Freimaurerei geht es manchmal schlimmer zu als in jedem Kegelverein. Hier werden Ämter innerhalb der Loge unter der Hand vergeben und den anderen Brüdern dann am Wahltag, der Jahreshauptversammlung als „Wahlvorschlag" präsentiert. Dass sich ein Amt seinen Träger sucht und nicht der Träger das Amt, scheint sich hierbei noch nicht weit verbreitet zu haben.

Es gibt viele Ämter und Positionen. Je größer die Großloge, desto vielfältiger und umfangreicher sind die Hierarchien. Meister, Distriktmeister, Ordensmeister, Kapitelmeister, die Möglichkeiten sind groß. Dazu kommen noch Ehrentitel, wie hochehrwürdiger, oder Höchstleuchtender, usw..

Die Gefahr ist groß, dass man diese Ämter auf seine eigene Person bezieht und auch die Ehrerbietung, die dem Amt bei der Einführung entgegengebracht wird, persönlich nimmt. Daraus wird dann schnell ein Streben nach dem Amt und daraus ergeben sich die gleichen Probleme aus Ehrgeiz und Gruppendynamik, wie man sie aus der profanen Welt kennt.

Es gibt Brüder, die sich krampfhaft über mehrere Jahre oder sogar Jahrzehnte an ein Amt klammern, damit sie im Beamtenrat mitsprechen können. Sie ketten die Brüder, damit sie führen können.

Es bleibt leider oftmals der Eindruck, dass hierbei persönliche Mängel der Persönlichkeit oder auch berufliche Grenzen ausgeglichen werden sollen. Die Loge wird dann zum Profilierungsort. Manch ein Bruder kompensiert hier ggf. auch die eigene Bedeutungslosigkeit in der realen Welt und versucht sein Bedürfnis nach Geltung und Macht hier auszuleben. Mit einem humanistischen ideal hat das natürlich wenig zu tun. Jeder Bruder und jede Schwester kennt diese Mechanismen. Hier müssen wir als Bund mit aller Kraft gegensteuern, denn wenn wir nicht immer wieder deutlich machen, dass es nicht um Ämter geht, sondern die

Arbeit an uns selbst, dann wird die Freimaurerei zur leeren Hülle, in der sich Brüder um Bedeutung streiten und damit würde sie sich nicht viel von jedem anderen Verein unterscheiden.

Was uns in den vergangenen Monaten auch immer mal wieder genervt hat, ist das „Hinter dem Rücken des Anderen reden". Da wird dem Meister vom Stuhl ein Screenshot gesendet mit den Worten „Hast du gelesen, was er hier wieder öffentlich geschrieben hat?" Oder es werden Vermutungen angestellt, wie der eine oder andere Bruder irgendwas meinen könnte. Mutmaßungen und Verdächtigungen, anstatt persönlicher Ansprache. So ein Verhalten, da sind sich wohl im Grunde alle einig, ist eines Freimaurers oder einer Freimaurerin unwürdig.

Wie sollen sich denn die Brüder untereinander begegnen? Die Antwort liefert uns das Ritual selbst: Die Brüder Freimaurer begegnen sich auf der Winkelwaage. Sie sind gleichberechtigt und sollten sich auch nach einem Streit die Hand reichen und aufeinander zugehen können. Aber leider scheitert der Anspruch hier zu oft an der Wirklichkeit. Der menschliche Aspekt darf nicht vergessen werden. Stresssituationen und verletzte Egos machen es schwer, aufeinander zuzugehen und sich wieder brüderlich zu begegnen. Müsste man dem einzelnen Bruder doch sagen: „Arbeite noch etwas an deinem Stein." Aber das alleine wäre wieder ein „Hämmern am Stein des Anderen". Ein Dilemma!

Nun wollen wir hier nicht jammern und ja, es spricht aus den Zeilen auch der eine oder andere persönliche Frust. Klar ist, das sind alles Erscheinungen, die in heutigen Logen auftreten aber natürlich finden wir auch das genaue Gegenteil. Brüder, die offen miteinander umgehen und sich die Hand reichen. Brüder und Schwestern, die verstanden haben, um was es in der Freimaurerei geht. In Artikeln oder in den sozialen Medien jedoch, da scheint es so zu sein, als wenn eher die zuerst beschriebenen Eigenschaften durchkommen.

Worum es uns geht, ist der Punkt, dass wir als Freimaurer uns eben nicht so viel mit unseren Vereinssachen auseinandersetzen sollten. Auch nicht zwingend mit Regularitätsfragen, sondern vielmehr mit uns selbst. Damit, selber ein besserer Mensch zu werden und in der Folge auch mehr Gutes in der Welt zu bewirken. Wir sind ja nicht zuletzt ein Ethikbund und das sollte uns bei jeder Handlung innerhalb und außerhalb der Loge bewusst sein.

Sind wir Freimaurer bessere Menschen?

Wir leben in einer Zeit des offensichtlichen Werteverfalls, den wir im Umgangston in den sozialen Medien genauso erkennen können, wie im Umgang mit Polizisten oder Feuerwehrleuten auf der Straße. Geprägt durch die Werbeindustrie und die „Geiz ist geil"-Mentalität steht heute das konsumierende Individuum im Mittelpunkt des Geschehens und nicht der soziale Zusammenhalt.

Insbesondere in den sozialen Medien scheinen die freimaurerischen Tugenden schnell abhanden zu kommen. Dort schlagen die Brüder gegenseitig aufeinander ein, statt Fragen zu stellen und aus den Antworten zu lernen. Der Schlagabtausch, das Rechthaben, stehen im Mittelpunkt der Debatten und nicht die Brüderlichkeit und das konstruktive Miteinander.

Wir sollten uns gegenseitig dabei helfen, dass auch diese Medien im freimaurerischen Sinnen verwendet werden. Es ist keineswegs selbstgerecht, wenn man Brüder, die mit Vorverurteilungen und Verunglimpfungen arbeiten, darauf hinweisen, dass es nicht darum geht, die eigene Position zu rechtfertigen, sondern von der jeweils anderen Position zu lernen.

Wenn wir es als Menschen mit oft vielen Jahren Erfahrung im Ritual und klarem Bekenntnis zu unseren Werten nicht schaffen, gewaltfrei zu kommunizieren, wie sollen dann erst andere gesellschaftliche Gruppen dazu in der Lage sein? Es stellt sich dann die Frage: Welchen Lerneffekt haben all unsere Rituale und Symbole überhaupt? Welchen Wert haben sie und wie sinnvoll ist Freimaurerei?

Der eigene Vorteil ist das Maß aller Dinge und die eigene Meinung wird zur Ultima Ratio, die wir in unserer Filterblase pflegen, um mit Vehemenz auf Andersdenkende einzudreschen. Die grundsätzlichen Werte der Offenheit, des Diskurses, der Wertschätzung anderer Meinungen und des Willens zum Lernen scheinen verloren zu gehen.

Gilt das auch für uns Freimaurer? „Nein", wollen wir dann schnell mit stolz geschwellter Brust rufen, denn schließlich ist das der Kern unserer Lehre. Wir haben Kerzengespräche und wir tragen Werte wie Toleranz, Brüderlichkeit und Humanität vor uns her.

Und doch beschleicht viele von uns in diesem Augenblick der Gedanke, dass wir vielleicht nicht ganz so laut rufen sollten. Wir erinnern uns an manchen Konflikt, den wir selbst geführt haben, sei es in oder außerhalb der Loge. Ein Konflikt vielleicht, bei dem wir, wenn wir ehrlich sind, genau diese Werte nicht befolgt haben. Bei dem wir uns in unserer Diskussionskultur vielleicht gar nicht so sehr vom profanen Gegenüber unterschieden haben.

Nun, niemand von uns ist deshalb ein schlechter Mensch. Zumindest versuchen wir uns das einzureden. Wir geben uns daher Mühe, unsere Meinung als die beste zum Wohle aller zu empfinden, und mit Sicherheit betrachten wir uns selber nicht als Auslöser von Konflikten, sondern als Brüder, die etwas Wichtiges zu sagen haben. Manches ist vielleicht auch schlicht nur so daher gesagt, ohne dass wir uns über die möglichen Folgen Gedanken gemacht haben.

Wenn wir uns fragen, wie sehr wir dem freimaurerischen Ideal entsprechen, dann müssen die meisten von uns zugeben, dass auch wir oft nur unsere eigene Meinung für richtiger halten als die des Anderen; dass wir dem Gegenüber mit unfairen Argumenten begegnen; dass wir uns keine Mühe machen, die Situation des Anderen zu verstehen. Wir wollen einfach nur in den Streit gewinnen und Recht behalten, anstatt das Wohl des Ganzen im Auge zu haben. Wir sind also nicht perfekt, aber sind wir trotzdem gute Freimaurer?

Die Freimaurerei hat Erkenntnisstufen, die wir Grade nennen. Drei, Sieben, zehn oder 33 Stufen, die symbolisch unsere Weiterentwicklung zum Ausdruck bringen. Stufen, die uns schrittweise mit neuen Inhalten konfrontieren, mit denen wir uns auseinandersetzen können. Aber was bedeutet das?

Können wir uns etwas darauf einbilden, wenn wir weiter auf diesen Stufen fortgeschritten sind als andere? Ist der Meister aufgrund des Erlebens der Erhebung dem Lehrling überlegen?

Im Katechismus und den Werklehren heißt es jedenfalls, dass wir alle immer Lehrlinge bleiben würden. Zudem sollte uns Freimaurer jede Art von Hochmut fremd sein. Wenn wir ein Buch gelesen haben, heißt das weder, dass wir den Inhalt verstanden haben, noch dass wir das Verstandene auch zur Anwendung bringen können. Wir haben uns lediglich die Basis erarbeitet, aus der wir etwas machen können.

Die einzelnen Stufen stellen nicht mehr und nicht weniger als ein Angebot dar, ein Angebot, dass wir so nutzen können, wie es uns persönlich möglich ist. Es ist also nicht entscheidend, welchen Grad wir innehaben, sondern was wir daraus gemacht haben.

Die Aufgabe bleibt immer gleich und sie lautet: Arbeiten am rauen Stein. Wenn wir es ernst meinen mit unserer freimaurerischen Haltung, dann ist die Kommunikation untereinander ein wunderbarer erster Ansatz zur Arbeit. Lernen wir von den alten Weisen und betrachten wir die Geschichte von den drei Sieben des Sokrates, die eine gute Basis für unsere Kommunikation darstellt.

Wir lernen aus ihr, dass wir nicht über Dinge reden sollten, die weder wahr noch gut, noch notwendig sind. Wenn wir also überlegt haben, was wir erzählen und zu dem Schluss kommen, dass wir es erzählen wollen, dann kommt die zweite Frage, die wir uns stellen sollten: Wie wollen wir es erzählen?

Wie wir alle wissen, gesellt sich zu den Worten, die wir wählen, auch noch der Kontext, in dem unsere Rede steht, außerdem unsere Gestik und Mimik, unsere eigene Haltung und vor allem auch das, was der Zuhörer in unsere Worte hineinprojiziert. Wir sollten daher auch intensiv über dieses „Wie" nachdenken.

Die Regeln für eine gute Kommunikation sind gar nicht so schwer zu erlernen. Viel schwerer ist es, sie anzuwenden. Im Vordergrund eines Gesprächs sollte immer das Ziel stehen, eine wertschätzende Beziehung zu entwickeln.

Kennt Ihr das nicht auch, dass Ihr, während der andere redet, schon überlegt, was Ihr gleich sagen wollt? Nun, wenn Ihr das erlebt, dann wisst Ihr schon, dass Ihr gar nicht zuhört und offensichtlich kein Dialog stattfindet, sondern allenfalls Monologe. In so einem Fall kann man kaum von einer Konversation sprechen, und die Wahrscheinlichkeit, dass sich die Brüder aufeinander zu bewegen, ist gering.

In einer freimaurerischen Kommunikation geht es darum, Provokationen und Forderungen zu vermeiden und stattdessen aus der „Ich-Position" zu sprechen. Ich beschreibe, was ich fühle, ohne damit eine Forderung zu verbinden. So gebe ich meinem Gegenüber die Möglichkeit zuzuhören, ohne sich wehren zu müssen. Der Kern des freimaurerischen Umgangs miteinander ist unsere Haltung. Wollen wir lernen oder überzeugen? Wollen wir verstehen oder missionieren? Wollen wir uns selbst verbessern oder den Anderen? Diese Fragen sollten wir uns jeden Tag und bei jedem Gespräch stellen.

Die Kommunikation von Freimauren in den sozialen Medien bewegt uns häufig sehr. Wir wundern uns, dass wir dort nicht in der Lage sind, auf Augenhöhe miteinander zu diskutieren. In der Loge - von Angesicht zu Angesicht - funktioniert das meist, doch im Kontext von Tastatur und Bildschirm schaffen wir es nicht, wertschätzend miteinander umzugehen. Dort schlagen wir uns, wie heute üblich, auf eine Seite und schlagen auf die jeweils andere Seite ein. Dabei bedienen wir die gleichen Klischees wie überall in der profanen Welt. Selbst Stigmatisierungen wie „Nazi" oder „Gutmensch" werden verwendet. Dabei vergessen wir oft, dass der Grund für solche Gefechte oft darin begründet liegt, dass wir uns einbilden, vermeintlich auf der richtigen Seite des Pendels zu stehen und der Andere doch so unglaublich falsch liegt, weil er entweder moralisch zu nichts taugt oder nicht intelligent genug ist, um die Zusammenhänge zu erkennen. Schnell finden wir Mitstreiter, die unsere Position stützen und uns dabei helfen, uns sicher und gut zu fühlen.

Ist das freimaurisch? Nein, ist es nicht. Denn was in der profanen Welt normal sein mag, ist unter Brüdern keine annehmbare Option.

Wir gehen in die Loge und haben Brüder, die uns bei der Arbeit an uns selbst begleiten. Wir wollen ein Beispiel für die Gesellschaft geben, wie man Themen bearbeitet und wie man Probleme lösen kann. Wir wollen unsere Werte ernsthaft leben. Wir sollten es also besser können, denn wenn wir das, worum es in der Freimaurerei geht und was wir im Ritual lernen, ernst nehmen, dann gibt es für uns keine Verurteilung, sondern nur den Willen, den Anderen zu verstehen, von ihm zu lernen und die Komplexität der Dinge in allen Abstraktionsebenen konstruktiv zu debattieren. Nicht um Bewertung geht es der Freimaurerei, schon gar nicht um die Bewertung des Bruders, sondern um den Ausgleich und das Hinterfragen der eigenen Position. Selbst, wenn es sich um gesellschaftlich aufgeheizte Themen, wie den Klimawandel oder die Flüchtlingspolitik, handelt. Wenn wir das nicht schaffen, haben wir nichts von unserer Königlichen Kunst verstanden.

Als Freimaurer sollten wir uns nicht in die Fänge der Vorurteile und der eigenen Hybris begeben, sondern eine möglichst objektive Position einnehmen. Man könnte sie als die „Superposition" bezeichnen, eine Position innerhalb eines Systems, in der jedwede Art des Beziehungsgefüges erkennbar ist. Dies sollte (im optimalen Fall) die Position eines Bruders Meister sein, weil er mit der an ihn gerichteten Aufforderung „Schaue über Dich" in der Lage sein sollte, kulturelle Repressionen zu überwinden.

Das Besondere an der Freimaurerei ist nicht die Positionierung, sondern das Gegenteil davon: Der Blick mit Abstand und Gelassenheit. Das heißt nicht, dass wir keine Position beziehen und erst recht nicht, dass wir uns dem Unrecht nicht in den Weg stellen dürfen. Hier haben wir in der dunklen Zeit unsere Lektion hoffentlich gelernt. Wir werden uns immer für unsere Werte einsetzen. Wir akzeptieren aber, dass die Wege, auf denen diese Werte erreicht werden können, ganz andere sein können, als jene, die wir selbst erkennen. Und wir akzeptieren die Komplexität der Dinge.

Wenn unser Bruder eine andere Meinung hat, dann sollte das Anlass dafür sein, unsere eigene Meinung zu hinterfragen. Wenn wir (was unwahrscheinlich ist) zu dem Schluss kommen, dass kein Aspekt für uns von Wert sein kann, dann sollten wir trotzdem nicht verurteilen, sondern können auch einfach diese andere Meinung als das akzeptieren, was sie ist: Eine andere Meinung. Sie wertet unsere Ansicht überhaupt nicht ab, denn es gibt stets unterschiedliche Perspektiven. Auch in der politischen Debatte gilt für uns Freimaurer das Wort von der „Einheit in der Vielfalt". Wo gibt es sonst die Möglichkeit, dass Menschen mit unterschiedlichem Erfahrungshorizont aus unterschiedlichen gesellschaftlichen Bereichen und verschiedenen politischen Lagern zusammen kommen, um im geschützten Raum, verbunden über das Erlebnis der Aufnahme und die gemeinsamen Werte, miteinander reden können? Wer hat nicht schon Menschen in unserem Bund kennen und schätzen gelernt, die er im profanen Leben nie getroffen hätte? Im Verstehen und der Erkenntnis der Verschiedenheit liegt die Kraft der Freimaurerei, nicht in der Selbstbestätigung und der Einordnung in Kategorien.

Es gibt drei wesentliche Dinge, die man beachten sollte, wenn man der Wahrheit näherkommen möchte. Wir Freimaurer sollten das als selbstverständlich verinnerlichen:

1. Akzeptiere, dass Du selbst niemals die ganze Wahrheit für Dich in Anspruch nehmen kann, da es immer auch andere legitime Perspektiven gibt.
2. Versuche, die hinter den Aussagen verborgenen Interessen aller am Kontext Beteiligten zu verstehen.
3. Schätze die Folgen unter Berücksichtigung der wahrscheinlichen Verhaltensweisen unterschiedlicher Interessen ein, ohne dabei Deinen eigenen Maßstab für „vernünftiges Handeln" anzulegen.

Das bedeutet, dass man vor einem Urteil erst einmal intensiv nachdenken sollte und man davon ausgehen kann, dass die Wahrheit immer zwischen den beiden Polen der öffentlichen Debatte liegen wird.

Die drei Dimensionen eines Körpers sind alle korrekt, sie erfordern nur unterschiedliche Perspektiven. Und selbst wenn wir der festen Überzeugung sind unsere Dimension der Wahrheit am nächsten kommt, dann tun wir gut daran zu verstehen, warum unser Bruder es so anders sieht - oder aus seiner Situation heraus es vielleicht sogar so sehen muss.

„Freimauer sind keine besseren Menschen", sagen wir oft mit einem Hauch von mehr oder weniger ernst gemeinter Selbstkritik. „Das sollten sie aber sein", müsste man eigentlich erwidern. Denn wenn wir jeden Tag an uns arbeiten, einmal in der Woche mit den Brüdern in der Loge zusammenkommen und mindestens zwölf freimaurerische Rituale im Jahr erleben, dann muss das einen Effekt haben. Denn wenn es ohne Effekt bliebe, dann könnten wir uns alle viel Zeit ersparen.

Wir arbeiten am rauen Stein. Wir wollen uns selbst erkennen. Wir wollen unser Wesen veredeln. Wir haben bei unserer Aufnahme geschworen, dass wir unser Leben diesen Zielen widmen wollen.

Manch einer wird fragen, ob das denn nicht nur symbolisch gemeint war und dass man das auch nicht zu eng auslegen darf. Nun, dem halten die Autoren entgegen: Ein Versprechen ist ein Versprechen, und wenn uns Freimaurer etwas von den profanen Menschen unterscheidet, ist es der Umstand, dass uns ein Versprechen, ein Eid oder ein Schwur etwas bedeutet. Verbindlichkeit ist ein hoher Wert. Dass wir uns vor den Brüdern und dem Bund dazu bekannt haben, an uns zu arbeiten, unaufhörlich, bis zum Eingang in den ewigen Osten, ist eine starke Entscheidung. Wenn wir das nicht ernst meinen, dann stellen wir die Freimaurerei an sich in Frage und riskieren, dass wir irgendwann ein anachronistischer Club alter Männer sind, die historische Rituale aufführen, um hinterher ein Bier zu trinken.

Vielleicht hat die Aufklärung auch eine zu hohe Erwartung an die Selbstdisziplin und Selbstverantwortung des Einzelnen gestellt, und manche gesellschaftliche Entwicklung könnte als Argument dafür dienen, dass zu viel Freiheit auch überfordern kann. „Und das Gesetz nur kann uns Freiheit geben", schrieb Johann Wolfgang von Goethe in seinem Sonett

„Natur und Kunst". Geben wir uns also nicht damit zufrieden, „dass wir auch keine besseren Menschen sind". Helfen wir uns alle gegenseitig dabei, am eigenen Stein zu arbeiten und eben doch so zu sein, wie wir es in unseren Ritualen fordern und wie wir es bei der Aufnahme versprochen haben.

Und wenn wir auch nicht alle und immer erfolgreich dabei sein werden, dann sollten wir zumindest mit gutem Gewissen sagen können, dass wir uns jeden Tag aufs Neue bemühen, diesem Ziel näher zu kommen. Allein das macht uns schon zu besseren Menschen.

In einer Zeit, in der manche Werte in der Gesellschaft offenkundig an Bedeutung verlieren, ist die Freimaurerei ein Hort, in dem diese Werte noch Bedeutung haben. Wenn wir im Bund das, was wir sagen, auch umsetzen, dann können alle 15.000 Brüder in Deutschland in der Gesellschaft wirken und dieses Land zu einem besseren machen.

Wenn Freimaurer sich so verhalten, wie sie es in ihren Ritualen beschreiben, dann können Millionen Freimaurer weltweit den Planeten zu einem besseren Ort machen. Die Freimaurerei ist kein Hobby. Sie ist eine Haltung, eine Lebenseinstellung, sie bedeutet Arbeit und sie ist anstrengend. Sie erfordert Ausdauer, Verlässlichkeit, Disziplin und Aufrichtigkeit.

Wenn man Ihr diese Dinge schenkt, dann gibt sie uns auch etwas zurück: Brüderlichkeit, Unterstützung in schwierigen Zeiten, Ruhe, Erkenntnisgewinn, Souveränität, persönliches Wachstum, Erfolg und Geborgenheit. Wir investieren etwas in den Bund und bekommen vom Bund etwas zurück. Im Grunde ist das ein guter Deal. Aber er funktioniert nur, wenn wir neben dem Spaß und der Freude in der Loge auch unsere Verpflichtungen ernst nehmen. Es ist nicht egal, wie oft wir zu den Logenversammlungen und Tempelarbeiten gehen, was wir einbringen und wie wir uns verhalten. Jeder von uns trägt zur Qualität der Loge bei, so wie jede einzelne Zelle in einem Körper. Oder wie jeder einzelne Baustein im Gemäuer des Tempels. Wenn wir es so betrachten, sollten wir aber das Augenmerk immer daraufleglegen, was wir investieren, und nicht darauf, was wir herausbekommen. Auch, wenn es merkwürdig klingt:

Die Ausbeute ist auf diesem Wege deutlich größer, nicht nur für die Loge, sondern für jeden einzelnen von uns.

Arbeit am rauen Stein bedeutet, den eigenen Stein zu bearbeiten. Nicht den des Anderen. Insofern ist die Freimaurerei eine hochindividuelle Angelegenheit. Zu gerne lenken wir uns davon ab, indem wir uns überlegen, wie der Freimaurerbund zu bestimmten Themen stehen soll oder wie unsere Brüder das eine oder andere besser machen könnten. Immer wenn wir dies tun, haben wir im Grunde eine Chance für unsere Arbeit an uns selbst verpasst.

Das Ritual und die Symbolik sind der Schatz der Freimaurerei, denn sie geben uns seit Jahrhunderten die Werkzeuge an die Hand, mit denen wir an uns selbst arbeiten können. Unabhängig davon, was wir im Unterricht oder sonst wo lernen. Die Symbole erzählen uns seit Urzeiten die gleiche Geschichte. Eine Geschichte, die wir nicht lesen können, sondern die erkannt werden muss. Deswegen sollte kein Tag vergehen, an dem wir uns die Symbole aus dem Ritual nicht vor Augen führen. Egal, ob wir darüber nachdenken, was die Vereinigung von Feuer und Wasser, also der materiellen und der geistigen Welt im Hexagramm bedeutet. Oder warum die Knotenschnur 12 Knoten hat. Was uns das musivische Pflaster über die Dualität des Lebens sagt. Oder was wohl die transzendente Welt, die durch Sonne, Mond und Sterne angedeutet wird, für uns bedeuten kann. Oder was Dreieck und Kubus uns über die Schöpfung sagen können.

Und selbst wenn wir solche Betrachtungen der Transzendenz für schwärmerische Verirrungen halten, blieben uns immer noch der 24-zöllige Maßstab, das Senkblei und die Winkelwaage, der raue Stein, der Spitzhammer und die Kelle als symbolische Werkzeuge für unser tägliches Leben, aus denen es viel zu lernen gibt. Die Freimaurerei lebt von der Einheit in der Vielfalt. Und genau diese Vielfalt ermöglicht es jedem von uns, über die Symbole seinen eigenen Zugang zu sich selbst zu finden.

Winkelmaß und Zirkel sollten wir jeden Tag an unserem Herzen tragen, der eine, weil das für ihn die Verbindung der materiellen mit der göttlichen Welt symbolisiert, und der andere, weil es ihm dabei hilft, sein Handeln am Winkel auszurichten und das Verhältnis zu seinen Mitmenschen mit Zirkel zu umfassen.

Nutzen wir also die Chance, die uns die Freimaurerei gibt. Nehmen wir sie an als Geschenk. Und nutzen wir sie wie unsere leibliche Nahrung: Von allem etwas, im rechten Maß und regelmäßig.

Glaube und Atheismus in der Freimaurerei

Ein Thema bei dem es auch immer wieder zu zweifelhaften Auseinandersetzungen kommt ist die Religion.

In letzter Zeit kann man zu diesem Thema immer wiederkehrende Diskussionen in den sozialen Netzwerken feststellen. Dabei kommt es vor, dass sich selbst Brüder Freimaurer mit ihren Kommentaren und Aussagen gegenseitig verletzen oder anzweifeln, wer denn „regulär" sei und wer nicht. Die Diskussion geht um die Frage: Können Atheisten Freimaurer sein? Und braucht es einen Gott in der Freimaurerei?

Wir wollen die Antwort auch hier gerne wieder vorwegnehmen: Ja, können sie sein und auch sehr gute, denn wir alle durften einige der Brüder auch kennenlernen oder/und sind mit ihnen befreundet. Und warum sollte ein Bruder, der Atheist ist, auch ein „schlechterer" oder gar „irregulärer" Freimaurer sein?

Betrachtet man es ganz formal, dann wird der Glauben an ein „Supreme Being" vorausgesetzt. Was das ist, dafür gibt es keine Regelung. Die Frage ist, ob die UGLE das „Supreme Being" abschaffen sollte und damit auch die Verpflichtung, eine Bibel auf dem Altar aufzulegen. Von vielen Brüdern wird das „Weiße Buch", wie in einigen Obödienzen in Frankreich üblich, ins Spiel gebracht. Dafür gibt es viele Argumente, denn das „Weiße Buch" bietet eine Projektionsfläche für zahlreiche Sichtweisen.

Auch das Johannisevangelium hat eine symbolische Aussage, die einen Wert besitzt. Die Frage, die sich stellt, ist: Wie können wir das Ritual auf unterschiedliche Weise interpretieren, so dass alle Brüder glücklich damit werden? Faszinierend ist der Dogmatismus in dieser Frage. Man kann es akzeptieren, wenn Freimaurer den Bezug zur Mystik ignorieren und ihre freimaurerische Arbeit nur auf das Diesseits beschränken. Auch die Geselligkeit ist eine legitime Motivation, Freimaurer zu sein. Ritual und Symbolik haben für die Brüder eine unterschiedlich tiefe Bedeutung.

Bedauernswert aber ist die tiefe Ablehnung, ja fast schon Verachtung, für alle die, die sich für die weiter zurückreichenden Einflüsse auf die Freimaurerei interessieren und die Symbole auch zur spirituellen Reife nutzen wollen. Warum können wir nicht alle Auslegungen der Freimaurerei (mit Gott, ohne Gott, esoterisch, humanitär usw.) als Freimaurer so tolerant behandeln, wie wir es gelobt haben? Freuen wir uns doch über die Einheit in der Vielfalt.

Aufklärung hat definitiv etwas mit Agnostizismus zu tun, nicht aber zwingend mit Atheismus. Vergessen wir nicht, dass es die Hermetiker und Rosenkreuzer waren, die entscheidende Impulse für die Aufklärung in der Renaissance gegeben haben. Und Pythagoras, Goethe, Novalis, Hesse, Fludd, Newton, Mozart, Thomas Mann und all die anderen hochgebildeten Geister, die sich in ihrem Werk auf mehr als das Weltliche beziehen, als fehlgeleitete Schwärmer zu empfinden, erscheint unangemessen. Wogegen sich die Aufklärung wendet, ist der blinde Glaube an und die Abhängigkeit von Autoritäten. Eine philosophisch-religiöse Auffassung von Welt, Mensch und Kosmos kann schon deshalb nicht zwingend falsch sein, weil nicht alle Aufklärer jede Form von Religiosität abgelehnt haben.

So sehr man eine ablehnende Position zu Gott bei Brüdern auch respektieren muss, so sehr entspricht eine Verachtung all derer, die einen spirituellen Sinn in der Freimaurerei suchen nicht den freimaurerischen Prinzipien. Es wäre auch nicht respektvoll gegenüber den Autoren, die hunderte von tiefgründigen Büchern zu dem Thema geschrieben haben und das nach jahrelangen Studien. Die Frage ist, ob mancher Kritiker sich überhaupt mit all diesen Dingen tiefgründig auseinandergesetzt hat, bevor er zu seinem Urteil kam. Oder ob er sich nicht durch sein rigoroses Urteil einfach vor dieser Aufgabe drückt. Ist es nicht so, dass, je vehementer ein Urteil ausfällt, desto tiefer die vorausgegangene Auseinandersetzung mit dem Thema gewesen sein sollte? Wäre man, wenn man die Auseinandersetzung scheut, nicht besser beraten, etwas vorsichtiger zu formulieren?

Eine der wenigen echten Erkenntnisse, die man beim Lesen von hunderten von Büchern zu dem Thema Spiritualität gewinnen kann, ist die, dass man selbst wirklich wenig weiß, dass die Welt und der Kosmos voller Geheimnisse sind, dass manches zu groß erscheint, um es zu verstehen, und dass der Weise mehr Fragen als Antworten hat. Wie kann man da zu einem dogmatischen Urteil kommen und andere Positionen in Bausch und Bogen verurteilen? Als Freimaurer sollte man hier Demut walten lassen.

Es ist viel geschrieben worden und doch gibt es viele Lücken in der Geschichte des Bundes. Im 18. Jahrhundert sind viele Einflüsse in der Freimaurerei zusammengekommen, und wir sollten diese Vielfalt auch schützen und bewahren, denn sie ist ein Teil der freimaurerischen Identität.

Auch nur einen einzigen Einflussbereich aus dem Bewusstsein des Bundes zu tilgen, wäre verfehlt. Die Vehemenz, mit der manch einer gegen alles Mystische in der Freimaurerei vorgeht, lässt vermuten, dass hier und da Verdrängung eine Rolle spielt. Ohne eigene Ängste könnte man viel offener und freier damit umgehen. Man muss eine Meinung nicht teilen, um sie zu respektieren. Genau das sollten wir als Freimaurer beherrschen, denn wie sonst wollen wir ein Beispiel sein und durch unser Tun in der Welt wirken?

Die Freimaurerei bietet genügend Platz für alle Positionen. Und genau in dieser Individualität und dem gegenseitigen Respekt liegt ein großer Wert des Bundes.

Unser Plädoyer gilt also der Offenheit und der Toleranz sowie dem Bewusstsein, dass wir in der Freimaurerei einen Schatz haben, den es zu bewahren, zu entwickeln und nicht zu profanisieren gilt.

Kann man also nun als Atheist Freimaurer sein? Offensichtlich geht das, denn unter unseren Brüdern haben wir viele Agnostiker und sogar Atheisten. Manch einer argumentiert gegen diese Sichtweise mit den „Alten Pflichten", in denen Reverend Anderson den Glauben an ein „Supreme Being" als Voraussetzung für den regulären Freimaurer beschreibt. Was damit gemeint ist, darüber lässt sich trefflich streiten. Sicher ist auch, dass wir die „Alten Pflichten" heute anders lesen müssen als vor 300

Jahren. Die Gottesvorstellung und der Alltag des Glaubens hatten damals eine andere Bedeutung als heute.

Nichtsdestotrotz spricht vieles dafür, dass das freimaurerische Gedankengebäude etwas mit der Schöpfung zu tun hat, und die Verwendung des Symbols des „Großen Baumeisters aller Welten" scheint mehr zu sein als nur eine Floskel. Beschäftigt man sich viele Jahren mit dem Ritual, kann man erkennen, dass der Schöpfungsprozess immanent darin verankert ist.

Freimaurerei war nie eine Ersatzreligion, auch wenn einige Brüder dies gern anders sehen. Sie war und ist ein ethischer (Männer-)Bund mit gemeinsamen Werten und Zielen. Daher sollten wir ihn vor Ideologien bewahren und für alle Menschen offenhalten. Wir sollten uns verabschieden von der Abgrenzung aufgrund der Zugehörigkeit eines Menschen oder seinen Glauben an eine bestimmte Religion, was für einen brüderlichen und toleranten Umgang spräche. Suchende suchen das Licht, das Wissen und die Erkenntnis und nicht nach einem Gott, den sie nur in einer der Religionen finden können.

In der Diskussion um einen Gott in der Freimaurerei tritt auch oft die Meinung zutage, dass Freimaurerei eine Art Religion sei, oder zumindest ein Ersatz für sie. Einige Autoren haben geschrieben, dass wir Freimaurer einen Transzendenzbezug haben, eine duale Komponente, einen Jenseitsbegriff und einen Glauben an das Fortbestehen nach dem Tode, womit ein Atheist oft nichts anfangen kann. Dieses Argument ist durchaus nachvollziehbar, aber in keiner Weise zwingend. Denn auch ein Atheist kann sich mit diesem Gedanken anfreunden. Viele Atheisten, die Freimaurer sind, haben einen starken Bezug zur Wissenschaft und Forschung. Gerade in Ostdeutschland sind sehr viele Brüder zu finden, die nicht getauft wurden und nicht im christlichen Glauben erzogen wurden. Selbst diese Brüder können die Sinnbilder füllen:

Transzendenz, der ABAW: Ist ein Sinnbild für etwas, was über dem Menschen steht, sein Handeln und Denken beeinflusst. Für die einen ist es die Gravitation, für die anderen die Liebe, für den nächsten ist es der Gott in einem selbst.

Duale Komponenten: Gibt es im Monismus eher weniger.

Jenseitsbegriff und Fortbestehen nach dem Tode: Diese beiden gehen Hand in Hand. Selbst ein Physiker kann sagen, dass der ganze Körper aus Energie besteht, die nach dem Energieerhaltungsgesetz nicht verlorengeht. Somit wird sie auch nach dem Tod des Menschen erhalten bleiben.

Letztendlich ist es wichtig, einen Weg zu finden, diese Sinnbilder zu füllen. Und das können Atheisten genauso gut wie alle anderen Brüder.

Nach dem Tod wird der Freimauer zu „höherer Arbeit" abberufen, wie es in der Freimaurerei heißt. Für viele ist dies wieder ein Beweis, dass die Freimaurerei mit Atheismus nicht vereinbar sei. Denn wer sollte den Maurer abberufen, wenn nicht ein Gott? Natürlich kann man hierin auch sehen, dass die Natur mit ihren Gesetzen den Maurer (wie auch jeden anderen Menschen) zu sich holt. Davon gibt es keine Ausnahme.

Nun bleibt noch die Frage nach der „höheren Arbeit", die wir nicht abschließend beantworten können. Ist es denn so? Wie können wir erkennen, was hiermit gemeint ist? Beweise gibt es nicht, es bleibt nur der individuelle Glaube an das, was nach dem Tod geschieht, sei es als Atheist oder als gottgläubiger Mensch. Es liegt somit im Ermessen des Einzelnen, diese Passage zu interpretieren.

Wie sieht es nun aus mit dem Großen Baumeister und den Atheisten?

Wir haben schon festgestellt, dass auch Atheisten gute Freimaurer sein können! Muss das Sinnbild des Großen Baumeister zwingend mit einem religiösen Bild besetzt werden? Wir denken nicht. Schon die Reformfreimaurer der 1920er Jahre setzten sich für die Abschaffung dieses Sinnbildes ein. Dies wollen wir heute nicht mehr, denn wir sind überzeugt, dass der moderne Mensch sich sein eigenes Sinnbild für die größte Kraft im Universum zu suchen in der Lage ist. Für die einen mögen es die Naturgesetze sein, für die anderen die Liebe, für die nächsten Gott im religiösen Sinne. Was ist jedoch, wenn der Freimaurer an keine höhere Kraft glauben kann und will? Wir denken, auch dann kann dieser

Mensch ein guter Bruder und Freimaurer sein, denn die Ideale der Freimaurerei sind nicht gebunden an die Vorstellung an eine höhere Macht,
auch wenn einige Ritualbestandteile und Symboliken ggf. etwas an-
spruchsvoll zu interpretieren sind.

Doch stellen wir uns kurz die Frage wie ein Freimaurer, der bekennender Atheist ist, mit dem Symbol des Baumeisters aller Welten umgehen
kann. In den meisten Ritualen kommt es vor, aber es gibt auch Ausnahmen. In manchen Ritualen wird der GBAW mit keinem Wort erwähnt.
Doch schwächt dies die Rituale und die Arbeiten damit keinesfalls ab.
Sie sind dennoch ebenso tragfähig. Wenn nun ein Atheist eine christlich
geprägte Loge besucht, dann kann er entweder an seiner Toleranz arbeiten und über dieses Sinnbild nachdenken, oder aber er kann das
Symbol des Baumeisters anderweitig füllen. Ein Bruder, der sich der
Wissenschaft verschrieben hat, sagte einmal, dass für ihn die Gravitation die treibende Kraft im Universum sei, die alles festhält und kontrol-
liert. Ein anderer sagte, dass für ihn die Liebe und die Liebe zum Mitmenschen das wichtigste und allumfassendste sei. Mancher setzt für
den Baumeister aller Welten sinnbildlich den jeweiligen Gott seiner
Konfession ein. Wir beide können uns mit den Gedanken und der Motivation all dieser Brüder anfreunden: Alles sind reguläre Brüder.

Auch beim Thema „Buch des Heiligen Gesetzes" stellt sich die Frage,
warum man an einem knapp 300 Jahre alten Brauch festhalten muss,
ohne dies zu hinterfragen. Im Laufe von Reisen durch die verschiedenen
Logen findet man die unterschiedlichsten Formen und Auslegungen. Logen mit Brüdern aus dem muslimischen oder jüdischen Religionskreis
haben durchaus neben der Bibel auch den Koran oder den Talmud oder
andere offenbarte Religionen aufliegen. Aber es gibt eben auch ein
Buch mit unbeschriebenen Seiten, das „Weiße Buch". Natürlich ist die
Bibel als Buch des Gesetzes ein wichtiges Symbol. In unserem Kultur-
kreis verkörperte sie seit Jahrhunderten dieses Bild. Zudem beinhaltet
es viele wichtige Allegorien und Symbole. Jedoch ist auch unser Kultur-
kreis einer Wandlung ausgesetzt. Hier sollte man nicht strikt, sondern
weltoffener denken und handeln, ganz wie es sich für einen Freimaurer
gehört.

Dies schließt durchaus das Buch der unbeschriebenen Seiten mit ein, mit dem sich der ein oder andere Bruder durchaus mehr verbunden fühlt, als mit einer religiösen Schrift. Nicht, dass wir hier falsch verstanden werden. René ist zwar Atheist, wendet sich aber deswegen nicht gegen Religionen und ist somit auch nicht für eine generelle Abschaffung der Bibel in der Freimaurerei, wie es Teile des Freimaurerbundes „Zur aufgehenden Sonne" im frühen 20. Jahrhundert gewesen sind. Auch aus Kais Sicht ist nichts gegen einen deutlich liberaleren Umgang mit den aufgelegten Werken zu sagen. Eine gewisse Einigkeit von Bibel, dem Weißen Buch, der Erklärung der Menschenrechte oder auch anderen wichtigen Schriften sowie einem weiteren Sinnbild für die Schönheit wäre eine willkommene Modernisierung und eine schöne Konstellation.

In den „Alten Pflichten" von Anderson heißt es:

„Von Gott und der Religion: Der Maurer ist durch seinen Beruf verbunden, dem Sittengesetz zu gehorchen, und wenn er seine Kunst recht versteht, wird er weder ein Atheist aus Einfalt noch ein religionsfeindlicher Wüstling sein. Aber obgleich in alten Zeiten die Maurer verpflichtet waren, in jedem Lande von der jeweiligen Religion des Landes oder der Nation zu sein, so hält man doch jetzt für ratsam, sie bloß zu der Religion zu verpflichten, in welcher alle Menschen übereinstimmen und jedem seine besondere Meinung zu lassen, das heißt, sie sollen gute und wahrhafte Männer sein, Männer von Ehre und Rechtschaffenheit, durch was für Sekten und Glaubensmeinungen sie auch sonst sich unterscheiden mögen. Hierdurch wird die Maurerei ein Mittelpunkt der Vereinigung und ein Mittel, treue Freundschaft unter Personen zu stiften, welche sonst in ständiger Entfernung voneinander hätten bleiben müssen."[6]

Hieraus entnehmen wir klar, dass Freimaurerei weder eine Religion ist, noch eine Festlegung auf eine bestimmte Religion erfordert. Es legt

---

[6] aus den „Alten Plichten"
(https://freimaurer-wiki.de/index.php/Alte_Pflichten)

aber auch klar fest, dass es um Wahrhaftigkeit, Ehre, Rechtschaffenheit und Freundschaft geht. Also immer noch nichts, was einen Atheisten ausschließen würde. Und wenn wir uns den Satz „Atheist aus Einfalt" betrachten, schließt auch dies keinen Atheisten aus, auch wenn es auf den ersten Blick so scheinen mag. Denn der Atheist hat sich sicherlich bewusst für diesen Weg entschieden. Im Zeitalter der Wissenschaft und Aufklärung ist die Religion weitgehend aus dem Alltag verdrängt worden. So auch in der modernen Freimaurerei mit seinen diversen Reform-Großlogen im frühen 20. Jahrhundert (z. B. „Freimaurerbund zur aufgehenden Sonne" oder Großloge „Zur Sonne"). Hier wurden die Dogmen der Religionen bereits ausgeschlossen und verdrängt.

Bei dieser Betrachtung müssen wir aufpassen, dass wir mit den Dogmen der Religion nicht die Mystik verwechseln. In diesem Zusammenhang ist es wichtig, sich in Erinnerung zu rufen, dass ein großer Impuls der Aufklärung durch die Rosenkreuzer im 17. Jahrhundert gegeben wurde. Im Gedankengut dieser Bewegung finden wir eine klare Aufforderung zur Eigenverantwortung, zur Individualität und zur Ablehnung von Dogmen. Gleichzeitig finden wir hier aber auch eine starke Rückbesinnung auf die Hermetik. Ist das nun ein Widerspruch? Kann ein aufgeklärter Mensch mit naturwissenschaftlicher Brille sich mit Mystik anfreunden? Offensichtlich geht dies, denn wir finden diese Grenzbereiche bei vielen klugen Geistern, wie Pythagoras, Platon, Sokrates, aber auch später bei Newton oder Einstein. Wissenschaft ist immer eine Momentaufnahme.

Die Symbolik der Freimaurerei kann durchaus auf einer rein weltlichen, ethisch moralischen Ebene betrachtet werden. Sie bietet aber auch für den Mystiker ausreichende Projektionsflächen. Beide profitieren, beiden hilft es bei der persönlichen Entwicklung und für beide ist das Ritual ein schönes Erlebnis. Warum also soll das eine oder das andere falsch sein?

Die Freimaurerei ist, rundum betrachtet, ein recht individueller Weg. Die Loge bildet einen Schutzraum, die Brüder geben Unterstützung und Sicherheit. Die eigentliche Entwicklung muss der Freimaurer jedoch mit sich selbst ausmachen. Und so unterschiedlich die Maurer sind, so unterschiedlich sind auch ihre Wege. Welchen Sinn sollte es daher haben, dem einen oder anderen vorzuwerfen, dass er einen Irrweg gewählt hat?

Pantheismus als gemeinsamer Ausweg?

Oft werden Religion und Spiritualität verwechselt. Monotheismus, Deismus und Pantheismus. Diese Begriffe gehen oft durcheinander. Diskutiert man in den sozialen Netzwerken, treten oft unüberwindbare Gegensätze zutage. Im persönlichen Gespräch hingegen finden Brüder oft heraus, dass des einen Atheismus viel mit dem Deismus des anderen zu tun hat und der naturwissenschaftliche Ansatz des einen nicht weit vom Pantheismus des anderen entfernt ist. Auch wenn sich Begriffe und Hintergründe unterscheiden, so vereint viele Brüder die Faszination gegenüber der Welt, der Natur, dem Kosmos, dem Wunder der Geburt und der Schönheit der Schöpfung.

Es gibt hier so viel Gemeinsames zu entdecken, dass es einfach eine große Verschwendung von Lebensenergie wäre, würde man sich über Wörter streiten und sich darüber entzweien. Freimaurerei bedeutet Freundschaft und Brüderlichkeit und erlaubt eigentlich bei aller Auseinandersetzung genau dies nicht. Unser Versprechen zur Toleranz sollte uns immer dazu ermahnen, dass wir vom Anderen lernen. Dass die unterschiedlichen Sichtweisen nicht Anlass dazu geben sollten, unsere eigenen zu rechtfertigen, sondern durch die Auseinandersetzung mit dem Anderen unseren Blick und Horizont zu erweitern und ggf. in unserer Erkenntnis weiter zu kommen. Nicht Abgrenzung führt zur persönlichen Entwicklung, sondern die Öffnung und das Zulassen anderer Gedanken.

Der Monotheismus geht von einem Gott aus, der Ursache ist für die Schöpfung und der das Leben der Menschen steuert, der gute Menschen belohnt und schlechte Menschen bestraft. Die Ausprägungen sind von Religion zu Religion unterschiedlich, die Grundidee ist jedoch gleich. Dieser Ansatz hat in allen Religionen und zu jeder Zeit dazu geführt, dass der Glaube zum Machtinstrument wurde. Der Klerus hat die Deutungshoheit an sich gezogen und sich zum Richter über Gut und

Böse aufgespielt. Damit war die Basis für eine unheilige Allianz zwischen Klerus und Regierung gegeben.

Der Deismus geht ebenfalls davon aus, dass es einen Gott gibt, verneint aber, dass dieser Gott in der Welt wirkt. Diese Sichtweise verspricht deutlich weniger Trost für den Menschen, gibt ihm aber auch eine höhere Freiheit.

Der Pantheismus sieht in Gott eher eine Kraft, ein schöpferisches Prinzip, das immer und überall wirkt, alles durchdringt. Ein Prinzip, das für Geburt und Tod sorgt und in jedem Stein, jeder Pflanze, jedem Tier und Menschen, wie auch im gesamten Kosmos, immanent ist. Der Kabbalistische Lebensbaum ist ein bekanntes Modell, das versucht, diese Sichtweise modellhaft zu illustrieren. Lässt man den Begriff Gott weg, dann können sich mit dem Ansatz, dass der Mensch frei ist zu tun, was er will, dass er selbst Verantwortung übernehmen muss, dass es aber auch eine schöpferische Kraft gibt, mit der man im Einklang stehen kann oder auch nicht, durchaus viele Freimaurer anfreunden. Vielleicht ein Ansatz, um Brücken zu bauen.

Ein interessanter Ansatz, der gut zum Pantheismus passt ist der Begriff der Religio Duplex. Der Religion, in der alle Menschen übereinstimmen. Reverend Anderson sagt auch, dass der Freimaurer zu der Religion verpflichtet sei, in der alle Menschen übereinstimmen, nämlich der Ehre, Rechtschaffenheit und Freundschaft. Und dies geschieht ohne einen Verweis auf eine Konfession. Mit dieser Formulierung könnte auch der gemeinsame Ursprung aller Religionen gemeint sein, der sich gar nicht so sehr auf die ethischen Aspekte bezieht.

Somit kann auf alle Fälle auch der Atheist ein vollwertiger Bruder sein. Gerade deshalb ist es heutzutage mehr als unangebracht, ihn als „irregulär" zu sehen. Denn würde man einer solchen Argumentation folgen (Zitat: „Es steht ja so bei Anderson, kein Atheist aus Einfalt ..."), so müsste man im Umkehrschluss feststellen, dass es sich bei diesen Brüdern ebenso um irreguläre Brüder handelt, da sie sich ja an einer einzigen Religion oder an einer ganz bestimmten Glaubensrichtung festhalten. Und wiederum zu beweisen, dass dies die Religion ist, in der alle Menschen übereinstimmen, dürfte schwerfallen.

Daher scheint ein gegenseitiger Fingerzeig ebenso unangebracht wie eine andauernde Diskussion über die „wahre Freimaurerei". Diese hat es nicht gegeben und wird es nicht geben. Aber es hat immer Brüder gegeben, die sich für die fünf Säulen der Freimaurerei eingesetzt haben. Den Kern der Freimaurerei bilden Gleichheit, Toleranz, Freiheit, Humanität und Brüderlichkeit. Auch hier kann man schnell erkennen, dass keine Religion im Spiel ist. Warum also sollte ein Bruder, der Atheist ist und sich zu den fünf Grundsätzen der Freimaurerei bekennt kein regulärer Bruder sein? Er lebt nach den Grundsätzen und achtet sie. Daher ist er für uns ein Bruder wie jeder andere.

Die Religion, in der alle Menschen übereinstimmen, kann durchaus als sittlicher Rahmen betrachtet werden, der sich in den fünf Grundtugenden der Freimaurerei ausdrückt. Er kann aber auch durchaus als die Basis betrachtet werden, auf der alle Religionen aufbauen. Jede Religion hat ihre verborgene Ausrichtung, sei es der Mystizismus im Christentum, der Sufismus im Islam oder die Kabbala im Judentum. Alle eint die Vorstellung, dass wir auf der Welt sind, um uns selbst zu erkennen und zum Ursprung des Seins zurückzufinden. Vielleicht war das der Grund warum die Urväter der Freimaurerei alle Religionen im Bund vereinen wollten und sich unabhängig machen wollten von jeder Art von Dogmatismus. Bei dieser Sichtweise erkennen wir, dass es in der Freimaurerei rein um den Menschen geht, der seinen eigenen Weg zu sich selbst, zu Gott oder dem Ursprung finden muss. Wir finden in allen Religionen, auch den monotheistischen, immer einen mystischen Urgrund, der von geringer Verbreitung geprägt war, aber immer parallel existierte. Ob es der Sufismus im Islam ist, die Kabbala im Judentum oder das Urchristentum im Christentum.

Das Logenleben hat sich bestimmt in vielen Punkten profanisiert. Das ist erst einmal ein natürlicher Prozess, den man in fast allen Organisationen beobachten kann. Eine strikte Ritualdisziplin ist ein Weg, um dieser Entwicklung entgegenzuwirken, aber sie bedarf auch einer inhaltlichen und erläuternden Begleitung, damit sie als hilfreich und nicht hinderlich empfunden wird. Die Aufgaben der Beamten, die Sätze, die im Ritual gesprochen werden, die Kerzen, die entzündet werden, all dies ist voller Inhalte. Dem Ritual wohnt eine Heiligkeit inne, die wir nicht vergessen dürfen, damit unsere Handlungen mit der Zeit nicht zu einer bloßen Hülle werden.

Sicher gibt es Brüder und auch ganze Logen, deren Kern es ist, zusammenzukommen, um Geselligkeit zu erleben und ggf. die eine oder andere gemeinsame Aktivität zum Wohle des Bundes oder zum Wohle der Allgemeinheit durchzuführen. Dagegen ist nichts einzuwenden. „Einheit in der Vielfalt" - nach diesem Motto bedarf es keiner Diskussionen über den richtigen Weg, weil sich jeder sicher sein kann, dass sein Weg richtig ist, auch wenn der sich von dem des Bruders unterscheidet.

Regulär oder irregulär – ist diese Frage relevant?

Eine weitere Diskussion, die uns Brüder und Schwestern mehr trennt als gedacht, ist das leidige Thema der „Regularität".[7] Gerade in den sozialen Netzwerken und in den geheimen Foren werden Diskussionen geführt, wann ein Bruder als „regulärer Freimaurer" gilt und wann nicht. Von vielen Brüdern wird behauptet, dass Frauen „niemals reguläre Freimaurer sein können". Freimaurerei sei eben ein Männerbund. Doch werden hier die kulturellen und zeitlichen Umstände nicht mit berücksichtigt, in denen die Freimaurerei entstanden ist. Man mag es kaum glauben, aber auch vor den Freimaurern machen gesellschaftlich notwendige Entwicklungen, wie etwa die Durchsetzung der Frauenrechte, nicht halt.

Es wird behauptet, dass viele Logen wegen der Anerkennung die bittere Pille geschluckt haben und den GBAW als Symbol aufnehmen mussten. Das ist so nicht korrekt. Denn die englische Großloge schreibt „nur" die Anerkennung eines „Supreme Being" vor. Das kann der große Baumeister sein, muss er aber nicht. Hier muss der Freimaurer für sich selbst das Sinnbild füllen und damit arbeiten. Dies kann, wie bereits erwähnt, auch ein Atheist, genauso gut wie ein Anhänger einer monotheistischen Religion, als auch ein Mystiker. Was jedoch die UGLE vorschreibt, ist das Auflegen der Bibel. Das ist ja wiederum nicht schlimm, da in vielen Logen ohnehin mehrere Bücher aufgelegt werden, gerade wegen Brüdern anderer Religionen oder eben auch Atheisten. In allen Logen muss zur Anerkennung die Bibel aufgelegt werden.

Was die Regularität angeht muss man sich schon sehr über die Bemühungen einiger Großlogen wundern, als eine Körperschaft des öffentlichen Rechts und damit faktisch analog einer Religion anerkannt zu werden. Dies widerspricht in allen Grundsätzen den Vorgaben der UGLE.

---

[7] https://freimaurer-wiki.de/index.php/Regularit%C3%A4t

Wie bereits erwähnt, darf die Freimaurerei keinen Bezug zu einer bestimmten Religion haben. Daran sollten wir uns wieder vermehrt halten.

Auch die Brüder unterschiedlicher Großlogen untereinander scheinen vergessen zu haben, was Brüderlichkeit ist. Hier wird gerne mal die Vorgabe der UGLE nach einem „Supreme Being" so ausgelegt, dass es eine wie auch immer geartete Gottheit sein muss, an die wir Freimaurer glauben (müssen). Sie schließen dabei Natur, ihre Gesetze und alles was dazu gehört, ja sogar die 5. der großen Wissenschaften an welche die Freimaurer „glauben", nämlich die Mathematik aus. Das viel zu oft gesehene „G" muss dann für „Gott" stehen und niemals für „Geometrie". Die Überlegung, dass diese beiden Begriffe auch das gleiche bedeuten kann, ist den wenigsten bewusst.

Daher werden Brüder ausgegrenzt, die sich bewusst gegen eine Gottheit entschlossen haben und Atheisten sind. Diesen Brüdern wird dann aber auch im gleichen Atemzug eine ethische und moralische Wertvorstellung aberkannt, weil diese ja nur „durch Religion und Glauben" entstanden sein kann. Das es aber Menschen gibt, die eine ethische und moralische Vorstellung haben ohne einen Glauben oder einen Gott, das wird vergessen. Schon lange ist es überfällig, dass in ethischen Kommissionen auch Vertreter ohne religiösen Hintergrund vertreten sind. Die Anzahl der Nicht-Gläubigen steigt und steigt. Auch in den Kreisen der modernen Freimaurerei. Und diese Brüder bekennen sich zu den 5 Idealen der Freimaurerei und können somit niemals irregulär sein. Sie füllen für sich die Sinnbilder der Maurerei auf ihre Weise.

Eine weitere Frage der Regularität ist die Aufnahme von Frauen oder auch nur die gemeinsame Arbeit mit Frauenlogen. Hier hat sich in den vergangenen Jahren viel getan aber dennoch ist das Thema heiß diskutiert und Regularitätsfragen werden immer wieder gestellt. Natürlich müsste man gerade für die Brüder, die sich intensiv mit Fragen der Regularität auseinandersetzen, erwähnen, dass der Gründer der Vereinigten Großlogen von Deutschland, Br. Theodor Vogel, maßgeblich daran beteiligt war, dass die Großloge der Freimaurerinnen gegründet werden konnte.

Wir glauben, dass es eine generelle Anerkennung der Frauen-Großloge[8] geben muss. Die Meinung einiger Brüder, dass durch Freimaurerinnen die „Tempel entweiht werden" oder dass „sie niemals die königliche Kunst erlangen werden", sind weder zeitgemäß noch ethisch vertretbar. Und sie sind auch nicht freimaurerisch. Die Arbeit am „Tempel der Humanität" setzt einen Schulterschluss zwischen den Geschlechtern voraus. Gemeinsame Treffen und gemeinsame Arbeiten können die Kluft überwinden und uns unserem gemeinsamen Ziel näherbringen.

Noch schwieriger wird es bei gemischten Logen. Diese werden kaum mit der Kneifzange angefasst. So als wenn die freimaurerische Entwicklung zum Erliegen kommen würde, wenn man nur über die Existenz von gemischten Logen spricht.

Bei dem Thema Frauen und gemischten Logen geht es nicht nur um die Auslegung, sondern wir haben sogar die Situation, dass Brüdern, die eine Frauenloge oder eine gemischte Loge besuchen wollen, mit dem Ausschluss aus der Freimaurerei gedroht wird. Man stelle sich das einmal vor. Da besucht ein Bruder eine Loge, setzt sich dort in die Kolonne und dieses Tun soll eine Rechtfertigung dafür sein, den Bruder aus dem Bund auszuschließen. Es mag einem außer irgendeiner vor vielen Jahren aufgestellten Regel kein nachvollziehbarer und rationaler Grund einfallen, warum erstens der Besuch in irgendeiner Form schaden könnte und zweitens, warum ein Mensch nach so einem Besuch kein Freimaurer mehr sein kann. Im Grunde müsste man sich hier doch über den offenen und vorurteilsfreien Bruder, der seinen Horizont erweitern möchten, freuen.

Hier geht es doch wohl eindeutig um anachronistische Bestimmungen, die nur dazu dienen den Status Quo zu erhalten und eine Entwicklung der Freimaurerei zu verhindern.

Natürlich hat die Regularität grundsätzlich ihren Sinn. Sie verhindert, dass sich jeder Freimaurer nennen und abwegige oder gefährliche In-

---

[8] www.freimaurerinnen.de

halte verbreiten kann. Hätten wir sie nicht, würden schnell dubiose Vereine auftauchen die den Mantel der Freimaurerei dafür nutzen, Verschwörungstheorien zu verbieten oder aber auch Menschen um ihr Geld zu erleichtern. Die eine oder andere Vereinigung die sich unrechtmäßigerweise auf die Templer bezieht, zeigt, dass dies keine abwegige Utopie ist.

Die Regularität sorgt auch für das Erhalten unserer Rituale und der darin befindlichen Inhalte. Könnte jeder unter dem Namen Freimaurerei machen können was er wollte, würden wir nach wenigen Jahren eine Vielfalt haben, die dann keine Einheit mehr ermöglicht. Es geht also wie so oft auch hier um die richtige Balance aus Tradition, Beständigkeit und Innovation. Wir brauchen daher das Instrument der Regularität aber es sollte angemessen umgesetzt werden und es sollte sich auch mit den Veränderungen dieser Gesellschaft auseinandersetzen.

Die Frage der Modernität oder der Markenkern der Freimaurerei

Wir sind alt geworden und die Spinnweben der Geschichte hängen über uns. Das müssen wir massiv ändern. Warum wohl sind wir in Deutschland - im Vergleich zu anderen Ländern - sehr viel weniger Brüder? Vielleicht weil die Freimaurerei uninteressant wird für eine junge Generation, die nachkommen muss.

Natürlich müssen wir die „dunkle Zeit" berücksichtigen, in der die deutsche Freimaurerei nicht nur vorübergehend ausgelöscht war, sondern deren völkische, nationalsozialistische Doktrin und Propaganda sich noch heute auswirken. Die meisten Vorurteile und Verschwörungstheorien haben hier ihren Ursprung und sind auch heute noch wirkmächtig.

Sicherlich gibt es auch Brüder, die diesen Mythos von der geheimen Weltverschwörung für ihr eigenes Ego benutzen. Wir sollten uns jedoch viel mehr in der Öffentlichkeit positionieren und dem entgegentreten, ohne dass die vertrauensvolle Deckung von Brüdern aufgegeben wird. Es muss der nötige Spagat zwischen Moderne und Tradition geschafft werden. Wir sollten dabei nicht radikal vorgehen, wie es zu verschiedenen Zeiten versucht wurde. Wir sollten eine blühende freimaurerische Kultur schaffen.

Innerhalb der Vereinigten Großlogen von Deutschland (VGLvD) mit ihren verschiedenen Ausprägungen müssen zuerst die Streitigkeiten über Regularität oder Irregularität aufhören und wir sollten erkennen, dass alle in der „Einheit durch Vielfalt" gut aufgehoben sein können. Das lässt uns wachsen und stark wirken. Oft wird heute die Frage gestellt, ob die Freimaurerei moderner werden muss. Nun, das muss sie ganz sicher aber wie geht das, ohne den Kern der Freimaurerei zu gefährden? Vieles wird als nicht mehr zeitgemäß betrachtet und sollte mehr an die Gegebenheiten der Zeit angepasst werden. Gleichzeitig dürfen wir aber auch nicht beliebig werden. Unseren Markenkern, was immer das auch ist, müssen wir erhalten.

Sicher ist, dass wir es heute mit gesellschaftlichen Rahmenbedingungen zu tun haben, die sich auch auf die Logen auswirken. Heute sind die Ablenkungen vielfältig, soziale Medien nehmen uns viel Aufmerksamkeit, und die Verfügbarkeit von Musik, Filmen und Informationen sind so umfangreich, dass wir zumeist unter einem Zuviel an Input als unter einem Defizit leiden. Die Loge ist heute also kein Zeitvertreib, sondern für viele Menschen auch ein weiterer Termin in einem vollen Kalender.

Zudem sind die Anforderungen in den Familien gestiegen. Anders als früher müssen Freimaurer auch die Bedürfnisse ihrer Partner ernst nehmen und wollen auch mehr Zeit mit ihren Kindern verbringen. Die Flexibilisierung des Arbeitslebens führt zu vielen Arbeitsterminen, die durchaus mit den maurerischen Aktivitäten kollidieren können.

Der Mensch von heute sucht nach Mehrwerten. Anders als früher hat er keine Langeweile mehr. Und auch zu Hause ist er gerne und bringt sich deutlich mehr in die Familie ein als in früheren Generationen. Wenn er also einen Abend pro Woche investiert, dann tut er das, wenn er auch etwas davon hat. Zum Biertrinken alleine wird man kaum jemanden lebenslang einmal die Woche in die Loge locken. Der Suchende und später der Bruder Freimaurer möchte etwas lernen, sich anregen lassen und das Gefühl haben, dass er an der Freimaurerei wachsen kann.

Die Fragen die sich daraus ergeben lauten:

Wie interessieren wir neue Suchende für die Freimaurerei? Und wie schaffen wir ein Angebot, das auf Dauer interessiert und Mehrwerte bietet?

Um diese Fragen zu beantworten, muss man herausfinden, welche Bedürfnisse junge Menschen heute haben.

Ist es der intellektuelle Austausch? Ist es ein Bedürfnis nach Ethik und Moral? Ist es eine Rückbesinnung auf alte Werte? Ist es ein ritualisiertes Verhalten? Suchen die Menschen Freunde und Vertrauen? Suchen sie

Anregung zur Selbsterkenntnis? Braucht es ein System zur Selbstentwicklung? Suchen sie spirituelle Erleuchtung? Suchen sie einen Bund, der sie bei der spirituellen Entwicklung begleitet? Oder möchten die Menschen etwas Gutes tun?

Die These, die oft aufgestellt wird, ist, dass mit einer breiteren Öffentlichkeitsarbeit auch mehr Suchende in die Logen strömen würden. Ob das so stimmt, ist zu untersuchen. Bislang gibt es hierzu noch keine Studien, sondern ausschließlich individuelle Ansichten, die aus der täglichen Logenarbeit gezogen werden.

Dennoch wird oft behauptet, dass nur eine humanistische und atheistisch ausgerichtete Freimaurerei modern und damit zukunftsfähig sei. Für dieses Argument spricht einiges, allerdings birgt diese Theorie auch Gefahren. Denn der Grat zwischen Modernisierung und Profanisierung ist schmal. Es gibt durchaus auch Brüder, denen die intensive Auseinandersetzung zu aufwendig ist und die sich daher gerne auf nette Treffen und Gespräche reduzieren. Das sollte aber nicht der Maßstab für eine „moderne" Ausrichtung sein. Hier müssen wir also genau differenzieren zwischen einem echten zukunftsfähigen Ansatz und Bequemlichkeit.

Nehmen wir einmal an, wir verbannen alles, was nach Religion und Spiritualität aussieht, aus den Ritualen. Wäre es modern, wenn sich Männer einmal pro Woche treffen, sich „komische" Klamotten anziehen und sich ein paar Wechselgespräche anhören, um danach ein Bier zu trinken? Glauben wir, dass junge Menschen nach einem kostümierten Männerstammtisch suchen? Machen wir uns nichts vor: Auf einen Außenstehenden wirken wir in unseren Schurzen und Zylindern vielleicht sogar ziemlich albern. Und ob das die Attraktivität für junge Männer steigert, ist fragwürdig. Wahrscheinlich wird das nicht ausreichen, um die Freimaurerei nachhaltig erfolgreich zu machen.

Braucht es nicht alternativ eine erweiterte Deutung religiöser oder spiritueller Elemente, die neue Möglichkeiten des Zugangs schafft? Sollten wir nicht lieber Neues ergänzen als Bewährtes vernichten?

Die Aura des Geheimnisvollen wird oft kritisiert und eine Transparenz-initiative gefordert. Dabei vergessen wir oft unsere eigenen Beweg-gründe, uns mit der Freimaurerei zu beschäftigen. Die Frage muss er-laubt sein, ob die Romane von Dan Brown nicht doch den einen oder anderen Bruder zu uns gebracht haben. Das Geheimnisvolle, das Mythi-sche ist mit Sicherheit für Außenstehende ein Magnet. Das mag einem nach vielen Jahren als Freimaurer gar nicht mehr bewusst sein, aber es ist auch der Mythos, der uns hat überleben lassen.

Aus diesem Grunde ist es auch eine sensible Frage, inwieweit wir unsere Rituale und Tempeleinrichtungen der Öffentlichkeit preisgeben. Ja, man findet viele Bilder und Videos und Beschreibungen im Internet. Aber wenn wir uns daran erinnern, wie wir das erste Mal bei unserer Aufnahme den eingerichteten Tempel erblickt haben, dann wissen wir, dass es nur halb so eindrucksvoll gewesen wäre, wenn wir ihn schon dreimal in der Lokalzeitung hätten betrachten können.

Auch das Gefühl zu einer „besonderen" Gruppe zu gehören, ist Teil un-seres „Markenkerns". Es ist und sollte etwas Besonderes sein, Freimau-rer zu sein, ohne dabei abgehoben zu werden.

Freimaurerei wirkt auf den Kopf und auf das Herz. Vieles wirkt emotio-nal, und um die Wirkung des Rituals zu sichern, haben sich unsere Vor-fahren das Arkanum ausgedacht. Es schützt vor Profanisierung und si-chert den exklusiven Rahmen. Manch einer sieht in der Freimaurerei noch mehr und möchte auch bestimmte Inhalte gerne vor neugierigen und unreifen Blicken verbergen. Das Arkanum ist in bestimmten Teilen nicht nur ein alter Brauch, sondern es ist überlebenswichtig für unseren Bund, das sollten wir nie vergessen.

Wir wollen in diesem Buch unterschiedliche Sichtweisen wagen. Ge-rade, dass wir unzeitgemäß sind, sorgt vielleicht für unsere Attraktivität. Wir sind den ganzen Tag mit Hektik, Informationen und Stress konfron-tiert. In einer immer komplexer werdenden Welt suchen viele Männer und Frauen nach Alternativen, nach Ruhe, nach Authentizität, nach ge-lebten Werten, Vertrauen und vielleicht sogar nach Spiritualität. All das kann die Freimaurerei bieten, und zwar ganz ohne Wollsockenromantik und Räucherstäbchen.

Als Freimaurer sollte aber jede Debatte von Toleranz und Offenheit geprägt sein und von dem Bestreben, sich selbst zu prüfen und daraus zu lernen.

Wir arbeiten im Verborgenen. Das Arkanum wird bewahrt und vor der profanen Welt geschützt. An diesem Geheimnis muss mehr dran sein als Geselligkeit und ein paar rituelle Regeln. Anders ist nicht zu erklären, dass Brüder Freimaurer in der „dunklen Zeit" für die Freimaurerei gestorben sind.

Viele Inhalte des Rituals zeigen den Weg des Individuums zur höheren Erkenntnis. Der Suchende wird in der Aufnahme mit der eigenen materiellen Bedeutungslosigkeit konfrontiert, verabschiedet sich von der Weltlichkeit, um als Bruder Freimaurer wiedergeboren zu werden. Die Aufnahme symbolisiert im Grunde die Geburt des neuen Menschen, wie wir sie auch in anderen Gruppierungen kennen. Es ist der Weg zum Licht oder auch der Weg von der Dualität in die Einheit.

Eine Modernisierung der Freimaurerei darf daher nicht heißen, dass man das Rituelle einfach in den Hintergrund treten lässt, sondern bedarf einer intensiven Bearbeitung der Methoden und Inhalte, um den Menschen den oben beschriebenen echten Mehrwert geben zu können. Das gilt auch für die Atheisten in der Freimaurerei. Selbst wenn der spirituelle Ansatz für viele Freimaurer nicht wesentlich ist, so ist das freimaurerische Leben in keiner Weise banal. Auch für die Brüder, die sich rein weltlich orientieren, bedarf es ernstzunehmender Rituale mit Inhalten und Beschäftigungen, die einen echten Mehrwert bieten.

Es geht um Persönlichkeitsentwicklung und um die Stärkung des Charakters. Das bewusste annehmen und leben von Werten. Um das in einer modernen Freimaurerei herzustellen, sollten nicht die Rituale reduziert, sondern der Zugang zu den Inhalten der Rituale vereinfacht werden. Freimaurerei mag für den einen oder anderen Hobby sein aber im

Grunde ist es eine Lebenseinstellung, mit der Verantwortung und Ernsthaftigkeit einher geht. Wir brauchen in der modernen Freimaurerei
Tiefe und dafür bedarf es Zeit und Methoden.

Toleranz als Basis freimaurerischen Handelns

Kurt Tucholsky soll einmal gesagt haben: „Toleranz ist der Verdacht, dass der andere Recht hat!" Und damit hat er zumindest nicht unrecht, wie wir gleich feststellen werden.

Es ist immer wieder schön, daran erinnert zu werden, dass Toleranz einer der Grundsätze der Freimaurerei sein soll. Wir Brüder sollen tolerant gegenüber anderen Meinungen und Menschen sein. Doch mitunter wird dieses hehre Ansinnen auf eine sehr harte Probe gestellt.

Wir sind beide stolze Freimaurer, dabei ist René bekennender Atheist und Antitheist. Und Kai ein Mystiker und Esoteriker. Wir sehen darin keinen Widerspruch. Beides passt zu den Anforderungen der Großloge von England mit ihrer Forderung nach einem „Supreme Being". Beide sehen wir in der Natur und ihren Gesetzen „das Göttliche" (wenn man es einmal so nennen darf) und können somit die in einem Freimaurer-Ritual enthaltenen Sinnbilder für uns füllen.

Wir verstehen Mutter Natur als große Baumeisterin, die sehr schöne Dinge gestaltet hat.

Viele der religiös geprägten Brüder sehen die Freimaurerei immer noch als eine Art „Ersatzreligion" an. Sie sind der Meinung, ihre religiöse Auslegung sei die „einzig wahre Form der Freimaurerei" und tragen dies auch nach außen. Sie lehnen Schwestern, also Freimaurerinnen, als „irregulär" ab und fordern die Anerkennung „der Lehren Jesu Christi". Sie berufen sich hierbei auf die Deutung des Allmächtigen Baumeisters als der christliche Gott.

Spannend hierbei ist allerdings, dass die Großloge von England (UGLE) vorgibt, dass Freimaurerei keinen Bezug zu einer bestimmten Religion haben darf. Andere Brüder vertreten genau die gegenteilige Ansicht und verteufeln jeden religiösen Ansatz und sei er auch noch so elaboriert und fernab von dogmatischem Christentum.

Vielleicht sollten wir uns wieder stärker daranhalten und klar und deutlich machen, dass Freimaurerei eben keine Ersatzreligion ist. Freimaurerei ist ein ethischer Bund mit historischen Wurzeln, die oft religiös geprägt sind. In diesem Bund kann man als Christ ebenso gut arbeiten wie als Agnostiker oder Atheist. Darüber sollten wir uns klar werden und Strömungen, die nur eine Sichtweise zulassen, nicht über die Maßen Platz und Freiraum geben. Allerdings - und das sei betont - kann Freimaurerei auch eine Bruderschaft sein, die sich als Bund auf ihre christliche Tradition bezieht, wie etwa im Freimaurerorden üblich.

Wir kennen viele Brüder, die als Christen stark religiös geprägt sind und schätzen sie als Brüder sehr. Ihre Ansichten und Ideen bereichern und erweitern unsere Gedanken. Auch als Atheist sollte man ihre Sichtweise respektieren. Nehmen wir nur den Bruder Hagen mit seinem Blog. Ein Ordensbruder mit starker spiritueller und auch christlicher Orientierung. Als Bruder setzt er sich dafür ein, dass unterschiedliche Meinungen gehört und respektiert werden. Wenn er sie auch nicht unbedingt teilen mag, so bereichern sie dennoch seine Sichtweise auf die Dinge des Lebens.

Dieser Umgang mit verschiedenen Sichtweisen ist beispielhaft und sollte in allen Richtungen der freimaurerischen Arbeit Standard sein. Doch leider gibt es in vielerlei Hinsicht genau das Gegenteil. Esoterisch denkende Brüder werden verlacht oder als ewiggestrig bezeichnet und atheistischen Brüdern wird abgesprochen „richtige Freimaurer" zu sein oder sein zu können.

Mit einem solchen Erlebnis hatte René es einmal zu tun als er eine sehr pointierte These zu den „Alten Pflichten" in einem sozialen Netzwerk veröffentlichte. Daraufhin wurde er konkret von einem anderen Bruder auf sein Empfinden während des Rituals angesprochen. René nahm sich gern die Zeit und beantwortete ihm seine Fragen und lud ihn zudem in seine Loge ein, damit er nachvollziehen könne, dass eine Ritualarbeit auch ohne einen „Gottesbezug" tragend und stimmungsvoll sein kann.

Was daraufhin folgte war Folgendes: Der Bruder antwortete, dass er kein Interesse an dem Angebot hätte, da er sich vor seiner Aufnahme intensiv mit den Aufnahmekriterien auseinandergesetzt hätte und mit den Andersons Constitutions und den Forderungen der englischen Großloge, die beide den Glauben an ein höheres Wesen/Prinzip aus seiner Sicht voraussetzen. Das war die Grundlage, auf der er sich zum Beitritt entschlossen habe. Hätte er gewusst, dass auch Atheisten aufgenommen werden, wäre er heute kein Freimaurer. Das hieße nicht, dass diese Personen nicht nette, soziale, integre, höfliche, ehrenhafte Männer sind, nur für ihn sind sie keine Freimaurer. Jeder Schamane, Druide, Muslim, Pantheist stände ihm näher. Diese Schlucht könnte er, bei aller Toleranz, nicht überschreiten. Verstandesgemäß ja, emotional nicht."

Natürlich hört man ähnliche polarisierten Kommentare auch als Freimaurer mit starker esoterischer Ausrichtung, denn auch mit dieser Sichtweise kann man von vielen Seite Unverständnis ernten.

Leider passiert es häufiger, dass initiierte Brüder, die sich als Atheisten oder andersherum als Esoteriker verstehen, von Brüdern diesbezüglich angegangen werden. In diversen Foren und Freimaurergruppen kann man nachlesen, wie es hier um die Toleranz bestellt ist. Wer sagt, dass er mit der Meinung von Atheisten und Agnostikern (und diese nehmen in Deutschland einen größeren Personenkreis ein, als jede religiöse Gemeinschaft) in der Freimaurerei nicht leben kann, der sei ebenso wie in dem Fall das Esoteriker nur Spinner sind an den Grundsatz der Toleranz erinnert.

Wir haben innerhalb der Vereinigten Großlogen von Deutschland die Möglichkeit, dass jeder, der sich für unseren ethischen Bund interessiert, sei es ein Atheist oder ein Gläubiger, einen Platz für sich finden kann. Dieses Konstrukt ist einmalig und wir sollten die Möglichkeiten nutzen, auch über den Tellerrand hinauszuschauen und „um uns zu schauen", wie die Aufforderung an den Gesellen lautet. Es geht hier um Ideale und Ziele, die uns verbinden, und nicht um religiöse Aspekte, die uns teilen könnten.

Wie sollte denn eine Weltbruderkette aussehen, wenn wir es aus persönlichem Empfinden nicht schaffen, uns gegenseitig die Hand zu reichen? Wie sollen wir in der Lage sein, einem Außenstehenden die Hand zu reichen, um ihm zu helfen? Toleranz untereinander, aber auch in die profane Welt hineinreichend, kann kein zeitlich beschränkter Aufruf sein. Das würde uns nur zu den erwähnten „Freizeitmaurern" machen, die sich mit „Teilzeittoleranz" zufriedengeben.

Wenn dies jedoch unser Ziel ist, dann sollten wir uns besser überlegen, uns wieder als Lehrling zu bekennen, um an uns selbst zu arbeiten. Sollten wir zu der erwähnten Einstellung gelangen, so muss die Arbeit an uns selbst das oberste Ziel sein, bevor wir das nächste Mal „um uns schauen". Mit dem Finger urteilend auf einen anderen Bruder zu zeigen, ist unangebracht und überheblich.

„Toleranz, auch Duldsamkeit, ist allgemein ein Gelten lassen und gewähren lassen anderer oder fremder Überzeugungen, Handlungsweisen und Sitten. Umgangssprachlich ist damit heute häufig auch die Anerkennung einer Gleichberechtigung gemeint, die jedoch über den eigentlichen Begriff (‚Duldung') hinausgeht." [9]

Wenn wir uns als Brüder und Schwestern Freimaurer an diese Definition halten, dann müssten wir soweit gereift sein, eben diese fremden Meinungen zuzulassen und gelten zu lassen. Wir tauschen uns gerne mit anderen Brüdern und Schwestern aus und sprechen offen über unsere Ansichten, warum sich Freimaurerei und Atheismus dennoch vertragen, aber natürlich darf niemand einen Bruder als „Nicht-Freimaurer" beleidigen. Einer solcher Bruder hat noch eine langwierige Arbeit an seinem rauen Stein vor sich.

Der Fairness halber sei hinzugefügt, dass der zitierte Bruder mit seiner Meinung sehr alleine dastand und im sozialen Netzwerk für seine Äußerung, dass atheistische Brüder für ihn „keine Brüder Freimaurer" seien, stark angegangen wurde. Schlussendlich entschloss er sich, das Forum zu verlassen. Offenbar waren einige andere Brüder ebenso nicht tolerant, was diese Äußerungen anging.

---

[9] aus dem Wikipedia Artikel „Toleranz"

Wenn wir uns also an die eigene Nase fassen und über den Sinn der Toleranz nachdenken, so kann dies zu einem neuen und hoffentlich verbesserten Umgang mit- und untereinander führen.

Grenzen der Toleranz

Persönliche Grenzen der Toleranz kommen und gehen, sie verschieben sich, bauen sich ab und strukturieren sich im Laufe eines Menschenlebens neu. Sie werden geprägt durch Erziehung und den Einfluss unseres Umfeldes. Wer das Lernen und die Suche nach Erkenntnis nicht aufgibt und immer weiter nach Wissen strebt, der wird auch seine Vorurteile hinterfragen und sie durch Urteile ersetzen. Hierbei setzen wir unbewusst auch die neuen Grenzen unseres Handelns und somit unserer Toleranz.

Natürlich stellt sich immer wieder die Frage, ob das Entstehen von ethischen Werten und Normen einen Glauben an ein, wie auch immer geartetes, höheres Wesen voraussetzt. Wir können diese Frage ruhigen Gewissens vermeiden, denn wir wissen heutzutage aus der Evolutionstheorie und der Psychologie, wie sich unsere persönlichen Wertvorstellungen zusammensetzen. Natürlich sind ethische Vorstellungen selbst in unserer westlichen Welt sehr stark von den Werten und Geboten der Religionen beeinflusst. Historisch gesehen war es vor allem die Kirche als Institution, die ihre moralische Lehre zu vermitteln versuchte. Die Moral wurde und wird von den Kanzeln gepredigt. Daher ist es auch nicht weiter verwunderlich, wenn dieses Wertesystem in die moderne Welt übernommen wurde. Es bildet die Grundlange für unsere ethischen Werte. Sich dabei von der Religion zu emanzipieren, ist wiederum eine gesellschaftliche Entwicklung und ein stetiger Prozess.

Angeregt durch die vielen Gespräche und den Austausch mit einigen Brüdern in sozialen Netzwerken haben wir weiter über die Grenzen der Toleranz nachgedacht und auch darüber, wodurch diese Grenzen entstehen oder sich verändern.

Jeder kennt Sprüche wie diese: „Warum dann Freimaurerei und nicht das Original, da könnte man doch lieber in den Humanistischen Weltbund eintreten, mit Ritualen ohne Gottesbezug." „Wir sind doch keine Rotarier oder Lions." „Warum in einen Fußballverein eintreten und dann versuchen Handball zu spielen?" „Ich halte den Glauben an ein göttliches Wesen für Blödsinn." „Ich bin ein Feind jeder Religion" Toleranz?.

Man könnte ebenso sagen: „Warum Freimaurer werden und dann Religion sein wollen?" „Dann kann man doch bitte in die Kirche oder Moschee oder Synagoge gehen." Die perspektivische Sicht kann auch in dieser Frage mal wieder sehr unterschiedlich sein. Aber was ist akzeptabel und was nicht?

„Die Wurzel [der Wortbedeutung] von Toleranz liegt im Lateinischen und meint beides, Tragen und Ertragen, Dulden und Erdulden."[10] Aber was sind denn Grenzen, persönliche oder gesellschaftliche, und wie entstehen sie. Sind diese ein für alle Mal festgelegt oder sind sie verschiebbar. Wenn ja, welche Verschiebungen lassen wir zu, was erdulden wir und was nicht?

Die Grenzen der eigenen Toleranz sind sicherlich nicht von vornherein vorgegeben, sie werden im Laufe der Jahre durch Erziehung geprägt, anerzogen und vorgelebt von den Eltern, im Kindergarten und später in der Schule, aber auch im sozialen Umfeld, in dem wir aufwachsen, vermittelt. Hierbei stellt sich zudem oft die Frage, ob eine Religion benötigt wird, um ethische und moralische Werte zu vermitteln. Um die Antwort gleich vorwegzunehmen: Nein, im Prinzip braucht es keine. Natürlich sind unsere Wertvorstellungen hierzulande christlich geprägt, aber vor allem aus historischen Gründen.

Grundsätze, beispielsweise, dass man niemanden tötet, dass man nichts stiehlt usw. sind keine religiösen Dogmen, sondern einfache Umgangsformen der Menschen untereinander. Wenn wir unsere eigenen Werte an unsere Kinder weitergeben, dann prägen und formen wir hierbei auch einen Menschen in seinen ethischen und moralischen Vorstellungen. Es mag sein, dass zur Vermittlung dieser Werte die Religion eine

---

[10] aus dem Wikipedia-Artikel „Toleranz"

wertvolle Rolle spielen kann. Die Erfahrung zeigt aber, dass dies fast immer um den Preis der Dogmatik und der Einschränkung der persönlichen Freiheit geschieht.

Und da stoßen wir direkt auf das nächste Problem: Das Vorleben der Werte und die Weitergabe an jüngere Generationen. Was geschieht, wenn unsere persönlichen Grenzen in Bezug auf Toleranz durch Vorurteile geprägt sind? Wie schwer ist es oft, diese zu erkennen?

„Vorurteil heißt ein Urteil, wenn eine Person, eine Gruppe, ein Sachverhalt oder eine Situation vor einer gründlichen und umfassenden Untersuchung, Abklärung und Abwägung beurteilt wird, ohne dass die zum Zeitpunkt der Beurteilung zur Verfügung stehenden Fakten verwendet werden."[11] Wir alle fällen Vorurteile, ob wir dies nun möchten oder auch nicht. Wir selbst nehmen uns hiervon nicht aus. Und gerade dadurch wird uns oft unbewusst eine Grenze der Toleranz gesetzt.

Wir alle haben oft unterbewusst Schubladen, in denen wir Menschen und Gruppierungen stecken und einsortieren. Damit verbunden sind auch direkte Grenzen und Abgrenzungen. Doch die Aufklärung sollte uns eines gelehrt haben, nämlich das „Sapere Aude", also: „Wage es, dich deines eigenen Verstandes zu bedienen!"

Haben wir erkannt, dass wir Menschen generell dazu neigen, in Schubladen zu denken und Vorurteile zu bilden, und haben wir uns dann die Mühe gemacht, diese Vorurteile zu prüfen und zu „verbindlichen Urteilen" zu gelangen, dann können wir uns in der Toleranz üben und diese Schranken überwinden.

Toleranz gegenüber den Ungläubigen ist ebenso wie Toleranz gegenüber Gläubigen anderer Konfessionen in den meisten Religionen nicht vorhanden. Es wird stets versucht, den eigenen Standpunkt zu verteidigen, bis hin zum Aufruf zum Mord. Der bereits erwähnte Dschihad ist eines der massiven Beispiele. Aber auch der jahrhundertealte Bann der katholischen Kirche gegenüber der Freimaurerei ist ein Beispiel.

---

[11] aus dem Wikipedia-Artikel „Vorurteil"

Zeugt es nicht schon von innerer Stärke, wenn man hier Toleranz walten lassen kann und eine Vielfalt an Religionen zulässt? Gerade einen offenen Geist gilt es zu fördern, was nicht ohne die nötige Toleranz möglich ist. Oft wird unterstellt, dass man gegenüber Gläubigen (oder, um es auf die Freimaurerei zu beziehen, gläubigen Brüdern) intolerant sei, weil man seine Meinung als Atheist vertritt? Es wäre nicht tolerant, wenn wir diese Brüder mit allen Mitteln von unserem eigenen Standpunkt überzeugen wollten? Aber genau das ist nicht unsere Absicht! Wir wollen aufzeigen, dass es mehrere Wege und Möglichkeiten in einer modernen Freimaurerei gibt, sich in ihr zu finden, diesen Weg zu gehen und an seinem Stein zu arbeiten. Wir wollen gerne die Schwestern und Brüder zum Selberdenken in freiem Geist anregen. Daher schätzen wir die Toleranz innerhalb der Freimaurerei hoch ein, appellieren aber auch an jede religiöse Strömung, egal welcher Art., diese Toleranz zu leben.

„Das Wort Glaube (auch Glauben; lateinisch fides; indogermanisch leubh ‚begehren', ‚lieb haben', ‚für lieb erklären', ‚gutheißen', ‚loben') bezeichnet eine Grundhaltung des Vertrauens, vor allem im Kontext religiöser Überzeugungen. Während der ähnliche Begriff ‚Religiosität' die Ehrfurcht vor der Ordnung und Vielfalt in der Welt und die allgemeine Empfindung einer transzendenten (nicht erklär- oder beweisbaren) Wirklichkeit bezeichnet, beinhaltet ‚Glaube' das Überzeugt sein von der Lehre einer konkreten Religion (oder Philosophie).

Das deutsche Wort Glaube wird in dem hier behandelten Sinn verwendet als Übersetzung des griechischen Substantivs πίστις pistis mit der Grundbedeutung ‚Treue, Vertrauen'. Das zugehörige Verb lautet πιστεύω pisteúō ‚ich bin treu, vertraue' (πιστεύειν pisteúein, ‚treu sein, vertrauen'). Ursprünglich gemeint war also: ‚Ich verlasse mich auf …, ich binde meine Existenz an …, ich bin treu zu …'. Das Wort zielt demnach auf Vertrauen, Gehorsam (vergleiche: Gelöbnis, Verlöbnis), Treue."[12]

---

[12] aus dem Wikipedia-Artikel „Glaube"
(https://de.wikipedia.org/wiki/Glaube)

Demnach hätte also auch ein Agnostiker oder ein Atheist einen Glauben. Dies kann der Glaube an eine philosophische Strömung sein, also auch die Treue zur Mathematik oder der Überzeugung von der Physik. Auch die Verehrung von Mutter Natur kann als Glaube gesehen werden.

Die Großloge A.F.u.A.M.v.D hat zu dem Thema eine eindeutige Position bezogen hat. Auf dem Großlogentag 2018 in Bamberg wurde von Stephan Roth-Kleyer, dem Großmeister der Großloge der Alten Freien und Angenommenen Maurer von Deutschland festgestellt, dass in den Logen alle Konfessionen vertreten seien: Katholiken, Protestanten, Juden, Muslime, aber auch Atheisten und Agnostiker. Auch wenn er das mit den Atheisten aufgrund von Druck aus England wieder etwas relativieren musste.

Haben wir nicht wichtigere Themen zu besprechen und an unseren Steinen zu arbeiten als andauernd zu klären, wer die „wahren Freimaurer" sind? Die VGLvD regelt dies schon seit Jahren und jeder aufgenommene Bruder einer der Großlogen innerhalb der VGLvD gilt daher als regulärer Bruder. Auch wenn es dem einen oder anderen nicht passen mag! Das Jammern darüber ist lediglich ein Zeichen von mangelndem oder sogar fehlendem Selbstvertrauen und destabilisiert die Bruderkette. Und genau das darf nicht sein!

Lasst es uns angehen und wieder die nötige Brüderlichkeit und Freundschaft pflegen, statt sie zu zerreden.

Natürlich gibt es nicht nur die anerzogenen Grenzen im Kopf, es gibt auch die gesellschaftlichen Grenzen der Toleranz. Wenn Eltern ihren Kindern etwas verbieten, was Kinder nicht sofort verstehen, hört man als Begründung oft nur: „Das gehört sich nicht!" Hier gibt es also Grenzen, die in den gesellschaftlichen Moralvorstellungen zu suchen sind. Nicht zu stehlen, nicht zu töten sind Grundsätze, über die man nicht diskutieren muss. Doch wie steht es mit dem „Tyrannenmord"? Hätten die Verschwörer um Graf von Stauffenberg ihr Vorhaben umsetzen können und am 20. Juli 1944 Adolf Hitler durch ein Attentat umgebracht, würde man sie dann nicht heute feiern für diesen Mord? Oder müssen wir hier gar abwägen, auf wessen Kosten mehr Morde gingen? Wäre der militärische Abschuss eines entführten Passagierflugzeuges tragbar, wenn man dadurch verhindern könnte, dass noch mehr Menschen getötet werden? Wie gehen wir mit einem Scharfschützen um, der den Geiselnehmer tötet, um die Geisel zu befreien? Gerade in diesen Fällen muss man die offensichtliche Übertretung von Grenzen, und somit die Übertretung der Grenzen der Toleranz, zulassen und akzeptieren.

Wäre der Diebstahl von Geld gut, wenn man es verwenden würde, um Arme und Hilfsbedürftige zu unterstützen? War Robin Hood ein Verbrecher, ein Wohltäter oder Beides? Eine Umverteilung von Geld und Ressourcen käme vielen zugute. Viele der Industrienationen haben jahrelang nur genommen und Entwicklungsländer bzw. Schwellenländer gezielt ausgebeutet, um sich ihren eigenen Wohlstand zu sichern. Ist das ok oder eben nicht?

Kinderschänder kommen - das ist eine landläufige Meinung - häufig mit zu geringen Strafen davon, wenn man bedenkt, welchen Schaden sie auf den Seelen der Betroffenen hinterlassen. Steuersünder werden nicht bestraft oder erhalten nur eine geringe Strafe, wenn sie sich selbst anzeigen? Welches Maß an Toleranz und damit auch welches Maß an Gerechtigkeit ist in diesen Fällen anzulegen?

Was zum Beispiel das Thema Sexismus angeht, erfahren wir zurzeit eine starke Verschiebung der Grenzen der Toleranz. Was früher im Verhalten mancher Männer gegenüber Frauen gesellschaftlich akzeptiert schien, wird heute als sexistisch und damit nicht akzeptabel gesehen.

Man kann also feststellen, dass sich die Grenzen der Toleranz im gesellschaftlichen Wandel befinden können. Normen und Werte werden (und müssen auch weiterhin) überdacht und dem Wandel der Zeit angepasst. Strafen und deren Maß entstehen oftmals aus dieser Notwendigkeit heraus. War es vor etwa 15 Jahren noch erlaubt, während des Autofahrens sein Handy zu verwenden, so sind die Strafen diesbezüglich angepasst und vor allem erhöht worden. Die Toleranz hat sich hier verschoben zu Gunsten der Sicherheit im Verkehr.

Im Falle von Kindesmissbrauch, aber auch bei Übergriffen im öffentlichen Raum setzt die Polizei vermehrt auf die Mithilfe der Bürger zur

Identifizierung von Verdächtigen und schränkt dabei bewusst die Persönlichkeitsrechte der Täter ein, was in sozialen Netzwerken und von der Gesellschaft im Allgemeinen gern toleriert wird, da es als ein gutes „Mittel zum Zweck" gesehen wird.

Tolerant muss die Schwester oder der Bruder oftmals beim Umgang in der Loge untereinander sein. Der menschliche Faktor ist immer schwer zu kalkulieren und auch abhängig von der Tagesform und den Launen. So kann es durchaus vorkommen, dass man sich plötzlich „auf den Schlips getreten fühlt", wenn ein Bruder an einen herantritt. An einem anderen Tag, in einer anderen Verfassung, würde man dann beispielsweise darüberstehen. Es ist also immer auch das Arbeiten an sich selbst und an der inneren Einstellung, die zu einem neuen Blickwinkel auf die eigene Toleranz führt.

Das gilt selbstverständlich auch für eine Position, die dem Bruder bereits Fundamentalismus vorwirft, wenn er bestimmte historische Formen nicht verändern möchte. Bevor nach dem Sinn dieser Haltung gefragt wird, wird mit Attributen wie „ewiggestrig" oder „verbohrt" um sich geworfen.

Grenzen werden gerne verschoben, wo sie einem „guten oder höheren Zweck" dienen. Wenn sie der Allgemeinheit dienen, dann sind wir gerne tolerant und lassen die Verschiebung zu. Aber ist dieser Weg langfristig der Richtige, auch wenn er sich gerade gut anfühlt?

Insbesondere beim Thema von Rechtspopulismus, Extremer Gewalt oder sogar nationalsozialistischem Gedankengut stellt sich zunehmend die Frage, was wir akzeptieren, im Rahmen des demokratischen Diskurses und wo die Grenzen liegen. Wo wird Zensur nötig und wo müssen wir Meinungen aushalten, um Demokratie als solche zu bewahren oder aber auch nur den Ruf der Freimaurerei? Der Ruf nach Zensur fällt uns immer leicht, wenn es sich um Meinungen der anderen Seite handelt aber machen wir es uns damit nicht zu leicht? Sollten wir vielleicht nicht nur unsere vermeintlich richtige Sichtweise verteidigen, sondern die Möglichkeit auch andere Sichtweisen zu äußern? Ist es nicht besser, dass aus unserer Sicht abwegige Meinungen geäußert werden, als im Verborgenen genährt zu werden?

Aber muss man als Freimaurer und als Bund immer und überall tolerant sein? Wir meinen: Nein. Es gibt Dinge, bei denen muss, sollte und darf man nicht tolerant sein. Ein sichtbares Zeichen einer charakterlichen Entwicklung ist das Eintreten für Ideale und Vorstellungen. Natürlich kann man auch an seiner Toleranz arbeiten und dadurch ihre Grenzen verändern. Allerdings ist es hilfreich, gegenüber Intoleranz eine strikte Position zu beziehen und davon nicht abzuweichen.

In den letzten Monaten mussten wir uns auch damit auseinandersetzen, in wie weit wir politische Vielfalt in der Freimaurerei aushalten können. Die Aufregung um die "Uniter" Vereine und auch das Vorkommen rechtspopulistischer Aussagen von Brüdern, stellen die freimaurerische Toleranz auf eine große Probe. Unsere eigene Geschichte lehrt uns, die Gefahren der nationalsozialistischen Ideologie, die wir als Bund am eigenen Leibe erfahren mussten. Deshalb gibt es wohl keinen Dissens, wenn wir uns gegen jede Form von Rassismus, Ausgrenzung oder nationalsozialistischen Ideologie wenden.

Je tiefer wir in die Frage der Grenzen von Toleranz einsteigen, desto komplexer und schwieriger wird es, denn es wird uns nicht gelingen, hier einen gemeinsamen Nenner für die Deutsche Freimaurerei zu finden. Wesentlich bleibt, dass wir uns auf unsere Werte berufen, denn die einen uns und sie geben uns den Rahmen, um über politische Frage zu diskutieren.

Die Freimaurerei bietet die Möglichkeit, dass Menschen unterschiedlicher Herkunft, sozialen Status und politischer und religiöser Einstellung zusammenkommen, um gemeinsam am Tempel der Humanität zu arbeiten, sich zu öffnen, zuzuhören und voneinander zu lernen Das ist die Chance, die wir ergreifen müssen.

Gleichwohl müssen wir auch klare Kante zeigen, bei allem, was diesen Werten entgegensteht. Und wir sollten diese Werte auch öffentlich immer wieder kommunizieren. Wer offen andere Menschen als minderwertig bezeichnet, wer den Nationalsozialismus heroisiert, Frauen als weniger Wert betrachtet oder antisemitisch agiert oder Christen oder Muslime beleidigt, der kann kein Freimaurer sein, weil er dann nicht unsere Werte lebt.

Wenn wir es auch nicht schaffen werden, zu einer einheitlichen politischen Position zu kommen, die wir nach außen vertreten, so können wir aber durchaus eine klare Linie zeigen, zu dem was nicht mit uns in Verbindung steht: Hass, Ausgrenzung, Homophobie und Fremdenfeindlichkeit haben bei uns keinen Platz.

Reformierung der Freimaurerei - Einheit in der Vielfalt als Lösung für die Zukunft

Gedanken zu Reformen in der Freimaurerei gab es nicht nur in der Gründungsphase des „Freimaurerbundes zur aufgehenden Sonne" (F.z.a.S), sondern durchaus immer wieder davor und danach. Das größte Problem bei einer Reformierung ist der Spagat zwischen der Tradition und der Moderne. Und genau hier scheiden sich die Geister.

Die beiden Autoren dieses Buches sind Freimaurer aus Leidenschaft. Wir identifizieren uns sehr gerne mit unserem Bund. Wir sind aber auch Freunde der Tradition und gleichzeitig offen für Reformgedanken. Der Unterschied zwischen uns liegt vielleicht darin, dass René Reformen begrüßt, wie z. B. den Verzicht auf das Sinnbild des „Großen Baumeisters", die Auflegung des „Weißen Buches" sowie den Verzicht auf den „Hohen Hut" (um nur ein paar Beispiele zu nennen), sich dennoch den Traditionen verpflichtet fühlt und die Stimmung während der Tempelarbeiten und der Clubabende genießt.

Kai hingegen sieht die Reformen weniger im Ritual selbst als im Logenleben. Ihm geht es um mehr echte Arbeit am rauen Stein, mehr Spiritualität, ernsthafte Auseinandersetzung mit der Symbolik und weniger Profanität.

Betrachten wir die Entwicklung innerhalb der deutschen Freimaurerei in den letzten zehn Jahren, so müssen wir uns die Frage stellen, warum immer noch das vom damaligen Großmeister angestrebte Ziel, 20.000 Brüder in den VGLvD zu vereinigen, nicht erreicht werden konnte? Warum ist es so schwer, in Zeiten der Massenkommunikation, der sozialen und überhaupt elektronischen Medien die nötige öffentliche Aufmerksamkeit zu gewinnen? Warum sind wir nicht „attraktiv" für jüngere Menschen? Warum werden wir immer noch als Geheimgesellschaft gehandelt?

Dazu kommen die immer noch andauernden Diskussionen über die „wahre Freimaurerei". Sei es mit religiös-christlicher Ausprägung, mystisch esoterischer oder eben mit rein humanistischer. Der Begriff „Humanitäre Freimaurerei" ist in diesem Kontext nicht ohne Probleme, denn letztendlich vereint er wohl jede freimaurerische Ausrichtung, denn mit dem Begriff Humanität und ebenso den damit verbundenen Werten können sich alle Freimaurer identifizieren.

Wie sieht aber nun die Zukunft der Freimaurerei aus?

Die Zukunft kann nun entweder in Bezug auf Bedeutung und Mitgliederzahlen finster sein oder aber wir versuchen mit neuen Konzepten, nach vorn zu sehen. Offensichtlich ist, dass wir uns bei aller Wertschätzung der Tradition mehr dem Zeitgeist öffnen müssen. Die mediale Präsenz im Internet muss der Deckung im angemessenen Maße weichen, auch wenn wir, um den Initiationseffekt nicht zu gefährden, die Rituale weiterhin verborgen halten müssen.

Wir sollten aber die ethischen Grundlagen offen in den Vordergrund stellen und deutlich zwischen Begriffen wie Religion und Spiritualität differenzieren. Die saubere Abtrennung der Freimaurerei von Religion macht aber Sinn, da gerade die jüngeren Menschen eher ohne einen christlichen Glaubensbezug aufwachsen. Die „offizielle" Anerkennung von Atheisten darf nicht nur von einzelnen Großlogen (wie beispielsweise ansatzweise der A.F.u.A.M.v.D.) ausgehen, sondern muss generell getroffen werden, ohne dabei den religiösen Zugang unmöglich zu machen. Die Freimaurerei muss auf einer breiten Basis stehen und nicht abhängig sein von einer immer geringer werdenden Schicht dogmatisch christlich geprägter Menschen.

Deshalb muss es heißen: Raus aus dem Schatten der Vergangenheit, hin zu einem aktiven ethischen Bund, in dem wieder die brüderliche/schwesterliche Einheit aktiv gelebt wird. Die Mythen der Vergangenheit neu beleben und den Spagat zur Moderne schaffen. Die „Tradition ist die Bewahrung des Feuers und nicht die Anbetung der Asche", wie Gustav Mahler einst sagte.

Die Arbeit des Freimaurers muss wieder auf die Grundprinzipien der Freimaurerei gestellt werden. Toleranz, Brüderlichkeit/Schwesterlichkeit, Freiheit, Gleichheit und Humanität dürfen keine hohlen Begriffe sein, sondern müssen mit dem Leben gefüllt werden, das diesen Bund groß gemacht hat.

Auch wenn wir den Bau am „Tempel der Humanität" nicht per se als einen Aufruf zur politischen Arbeit verstehen, so sehen wir ihn dennoch als eine Art „Arbeit an der Gesellschaft". Diese kann durchaus auch politischer Art sein. Auch ein Freimaurer muss sich hier engagieren können und politisch tätig sein. Zumindest ein mündiger Bürger, der auch von seinem Wahlrecht Gebrauch macht. Es ist leider inzwischen so, dass viele Freimaurer die „Alten Pflichten" als ein festes und unüberwindbares Gesetz ansehen. Genau hier müssen wir differenzieren und diese Regeln der Zeit anpassen. Wir müssen uns aus diesem reinen „Vereinsgehabe" herausbewegen, hin zu einer modernen Form der Freimaurerei.

Gerade weil wir als Freimaurer über eine besondere Gesprächskultur verfügen, sollte uns die vorurteilsfreie politische oder religiöse Debatte möglich sein. Vielleicht können die Logen sogar ein Ort werden, in dem solche Debatten ohne Polarisierung möglich bist. Genau das sollte doch das besondere an der Freimaurerei sein.

Noch immer beschäftigt sich die Freimaurerei viel zu sehr mit ihren Logenvereinen und deren Streitigkeiten, anstatt an der großartigen Idee, die unsere Gründerväter formulierten, zu arbeiten. Wir sind eingeengt von Dogmen und Restriktionen, die wir uns selbst auferlegen, weil wir die Zeichen der Zeit nicht erkennen. Wir müssten uns gerade in diesen politisch eher schweren Zeiten, mit Wirtschaftskrisen, Flüchtlingsfragen und politisch instabilen Regionen weltweit, positionieren und dies zumindest auf der Werteebene ggf. auch vorsichtig in der Öffentlichkeit tun und aufhören, uns mit uns selbst als Gruppe zu beschäftigen. Das lenkt letztendlich nur von der Arbeit am eigenen rauen Stein ab. Eine aktive Arbeit am Tempelbau ist gefragt und nicht ein bloßes Schönreden und Wegsehen, wenn es uns selbst nicht betrifft. Nicht im Kreis um sich selbst drehen, sondern aktiv eine helfende Hand reichen, lautet die Forderung.

Zu diesem Themenkomplex werden wir am Ende des Buches Thesen aufstellen und erläutern. Wir beschreiben darin den Weg in eine moderne Freimaurerei, wie wir ihn uns vorstellen können unter dem Motto: Einheit in der Vielfalt.

Unter den VGLvD, den Vereinigten Großlogen von Deutschland, sind die vielen Ausrichtungen und Ausprägungen der regulären Freimaurerei zusammengefasst. Hier findet sicherlich jeder Bruder oder interessierte Suchende eine passende Bauhütte, fast wie der sprichwörtliche Deckel den Topf. Man darf sich gegenseitig besuchen und an den jeweils anderen Arbeiten teilnehmen und man kann auch gemeinsame Ziele verfolgen.

Es mag sein, dass die Kirchen und Klöster von den Bauhütten zu Ehren Gottes errichtet wurden. Aber man kann es auch so sehen, dass die Baumeister die neuesten Möglichkeiten der Technik und Wissenschaft angewendet hatten, um diese Bauwerke zu schaffen, als Symbole des Sieges des Verstandes und der Technik über die Natur. So sind zum Beispiel viele unserer Brüder im Osten Deutschlands nicht getauft und möglicherweise noch auf der Suche. Sind sie denn keine wahren Maurer, keine guten Brüder? Doch, sie sind ebenso Freimaurer wie wir alle und haben sich bewusst für diesen Bund entschieden. Warum sollten wir also Brüder ausgrenzen, die vielleicht Atheisten, aber dennoch wahre Freimaurer von Herzen sind? Sind das nicht genau die Bausteine, derer wir bedürfen für den Bau des Tempels der Humanität?

Genauso engstirnig ist es, wenn man den gläubigen oder esoterisch interessierten Brüdern ihre Ernsthaftigkeit abspricht und sie als naiv oder unaufgeklärt bezeichnet. Auch diese Haltung ist engstirnig und zeigt nichts weiter als die Angst vor Neuem und den Wunsch das eigene Weltbild, dass man sich gezimmert hat, aufrecht zu erhalten. Die wenigsten Brüder, die sich über esoterisch denkende Brüder abfällig äußern, haben sich intensiv mit den Schriften und Hintergründen der Hermetik oder der christlichen Mystik beschäftigt. Man darf soweit gehen und behaupten, dass es bei den Brüdern, die diese Sichtweisen vehement ablehnen nur wenige gibt, die sich intensiv mit der freimaurerischen Symbolik und den dahinterliegenden Wurzeln auseinandergesetzt haben.

Jeder ernsthaft studierende Bruder wird bei der Lektüre der alten Schriften eines Pythagoras oder der alten Gnostiker feststellen, dass es sich bei diesen Autoren nicht um naive Spinner handelte, sondern um Menschen mit profundem Wissen und Kenntnissen, die weit über das Normalmaß ihrer Zeit herausragten. Schließlich wurde die Aufklärung nicht zuletzt durch Bünde wie die Rosenkreuzer in Gang gesetzt und geprägt. Dass unsere Symbolik sich aus den Bauzünften, aber auch aus alten Mysterientraditionen speist, ist offensichtlich, und es sollte legitim sein, sie in dieser Form zu interpretieren, wie man sie auch aus einer rein humanistischen Sicht interpretieren kann.

Man sagt ja auch, eine Loge sei eine Gruppierung von Ungleichen. Und so setzt sich dies in der übergeordneten Gruppierung, also dem Dachverband der deutschen Großlogen, fort. Warum sollte es auch anders sein? In den Großlogen und ihrem Dachverband haben wir so viele unterschiedliche Brüder. Und wir sollten nicht vergessen, dass wir uns dies bewusst ausgesucht haben, als wir diesen Schritt gegangen sind und Freimaurer wurden. Im Ritual hören wir immer, dass wir gemeinsam am „Tempel der Humanität" arbeiten. Wir sollten genauer zuhören und dies auch in die Tat umsetzen und uns nicht in sozialen Netzwerken die Zeit damit vertreiben, am Stein des Anderen zu arbeiten und ihm unsere persönliche Sicht der Freimaurerei aufzudrücken.

Somit betonen wir noch einmal, dass wir gerne weiterhin unsere Zeit mit den Brüdern verbringen, die überzeugte Atheisten sind, Mystiker, Esoteriker oder gläubige Menschen, egal welcher Religion sie sich verbunden fühlen. Wir sehen alle diese Brüder als gleichberechtigte Freimaurer an und reichen jedem gern die Hand.

Aufklärung neu definiert – Aufklärung 2.0

Die Freimaurerei wird aus historischer Sicht oftmals als reines „Kind der Aufklärung" beschrieben. Wenn dem so wäre, dann müssten wir doch feststellen, dass die Freimaurerei, ebenso wie die Aufklärung, scheinbar beendet ist. Doch gerade in diesen Tagen wird immer wieder in öffentlichen Foren oder sozialen Netzwerken der Ruf nach einer neuen Aufklärung, einer „Aufklärung 2.0" laut. Diese Aufklärung ist sogar nötig! Die andauernde Frage nach dem Sinn von Religionen beschäftigt uns schon lange. Die Beschaffenheit und die Gewinnung und Verbreitung von Informationen in unserer Gesellschaft ist ein weiterer Punkt, der diesen Ruf nach einer neuen Aufklärung befördert.

Informationen können wir heutzutage in endloser Form erhalten und konsumieren. Beim Reflektieren der Informationen wird es immer schwieriger, die Quellen zu bewerten.

Auf dem Weg zu einer neuen Aufklärung müssen wir uns vor allem mit zwei wichtigen Aspekten auseinandersetzen:

Wie steht es um den Informationsgehalt, auf den wir unser Wissen, unsere Erkenntnisse und unsere Reflektionen beziehen und welche Einsichten führen dazu, dass eine neue Aufklärung, eine Aufklärung 2.0, notwendig ist.

Der historische Begriff „Aufklärung" bezeichnet die um das Jahr 1700 einsetzende Entwicklung, durch rationales Denken die den Fortschritt behindernden Strukturen zu überwinden. Es galt zu dieser Zeit (und bis heute), Akzeptanz für neu erlangtes Wissen zu schaffen. Es bezeichnet somit eine geistige und soziale Reformbewegung, ihre Vertreter und ein gesamtes Zeitalter, das etwa auf die Jahre zwischen 1650 bis 1800 datiert wird. Eine Zeit, in der auch die Rosenkreuzer in Europa eine entscheidende Rolle gespielt haben, in dem sie den dogmatischen Glauben an die Lehren der katholischen Kirche in Frage gestellt haben.

„Als wichtige Kennzeichen der Aufklärung gelten die Berufung auf die Vernunft als universelle Urteilsinstanz, mit der man sich von althergebrachten, starren und überholten Vorstellungen und Ideologien, ‚auch gegen den Widerstand von Tradition und Gewohnheitsrecht', befreien will. Dazu gehörte im Zeitalter der Aufklärung der Kampf gegen Vorurteile und die Hinwendung zu den Naturwissenschaften, das Plädoyer für religiöse Toleranz und die Orientierung am Naturrecht. Gesellschaftspolitisch zielte die Aufklärung auf mehr persönliche Handlungsfreiheit (Emanzipation), Bildung, Bürgerrechte, allgemeine Menschenrechte und das Gemeinwohl als Staatspflicht. Insbesondere Olympe de Gouges setzte sich für die Frauenrechte ein und musste dieses Engagement mit ihrem gewaltsamen Tod bezahlen. Condorcet wollte das allgemeine Wahlrecht auch den Frauen gewähren.

Viele Vordenker der Aufklärung waren fortschrittsoptimistisch und nahmen an, eine vernunftorientierte Gesellschaft werde die Hauptprobleme menschlichen Zusammenlebens schrittweise lösen. Dazu vertrauten sie auf eine kritische Öffentlichkeit. Kritik an diesem ‚Vernunftglauben' entstand seit etwa 1750 unter den Aufklärern selbst, dann im Sturm und Drang und in der Romantik, aber auch im Skeptizismus und dem sich zu Beginn des 19. Jahrhunderts formierenden politischen Konservatismus. Aufklärerische Impulse beeinflussten Literatur, Schöne Künste und Politik, etwa die Amerikanische Revolution von 1776 und die Französische Revolution von 1789. Sie trugen zu einem andauernden Rationalisierungsprozess von Politik und Gesellschaft bei, so dass die Aufklärung zu einem Kennzeichen der Moderne wurde."[13]

Sehr nüchtern wird in der Wikipedia die Entwicklung einer Zeit beschrieben, die uns einen wichtigen Schritt in die Moderne bescherte: Die Entwicklung des Menschen aus einer Welt der Dogmen und aus einer von der christlichen Obrigkeit beeinflussten Weltanschauung hin zu einem

---

[13] aus Wikipedia-Artikel „Aufklärung"

https://de.wikipedia.org/wiki/Aufklärung

freien Willen. Dem Willen und der Kraft, selbst denken zu können und dies auch zu wollen.

Das Zeitalter der Aufklärung für beendet zu erklären, zeugt von zu großem Vertrauen in die Menschheit. Wer den Sinn erkannt hat, wird auch einsehen, dass die Aufklärung zwar vor mehr als 300 Jahren ihren Anfang nahm, aber ein weiterhin andauernder Prozess sein muss.

Neue Erkenntnisse in Wissenschaft und Technik, Entdeckungen in der Natur und der unaufhaltbare Forscherdrang des Menschen zeigen den Willen, die Welt um uns besser verstehen zu wollen, Antworten zu suchen auf die offenen Fragen: Wo kommen wir her? Wo gehen wir hin?

Die Überlegung des Philosophen und Existenzialisten Jean-Paul Sartre ist also stimmig: „Es gibt keine Natur des Menschen, die den Menschen festlegt, sondern der Mensch ist das, wozu er sich macht."[14] Wir allein müssen die Bedeutung, den Sinn für unser eigenes Leben schaffen. Existieren heißt, das eigene Leben zu schaffen und daran kontinuierlich zu arbeiten, den Verstand zu nutzen und Wissen zu konsumieren. Dies wiederum bedeutet einen Vorsprung im Denken und Handeln. Somit, um den Kreis zu schließen, ist Wissen eben doch Macht.

Doch wenn wir heute, einige Jahrhunderte später, auf die Forderung der frühen Aufklärer zurückblicken, stellen wir fest, dass der Mensch doch eher ein „Gewohnheitstier" ist, Bequemlichkeit liebt und eine gewisse Freude daran hat, sich berauschen zu lassen und zu konsumieren. Der Mensch macht sich nur allzu gerne selbst zum „Couch-Potato", zu einem Konsumenten.

Warum sollte man sich auch mit geistiger Arbeit auseinandersetzen (wollen), wenn das „sich berauschen lassen" doch so viel einfacher sein kann. Konsumieren statt Denken wurde zu einem Sinnbild für unser heutiges Verhalten. Wir sollten uns immer wieder vor Augen führen, wie sehr die Vordenker der Aufklärung für ihre Ideen gekämpft haben.

---

[14] https://de.wikipedia.org/wiki/Existentialismus

Sie führten zur Französischen Revolution und zu den Idealen von Freiheit, Gleichheit und Brüderlichkeit (französisch: Liberté, Égalité, Fraternité) und ebenso zu neuen demokratischen Staatsformen. Setzt man sich mit der Verfassung der USA auseinander, so finden sich hier bereits direkte Bezüge zu den freimaurerischen Schriften des 17. Jahrhunderts. Nicht umsonst war etwa ein Drittel der unterzeichnenden Männer Freimaurer.

Die Macht des Klerus, die Scholastik und die daraus resultierenden Einschränkungen in den Wissenschaften haben die Entwicklung der Menschheit jahrhundertelang blockiert, wenn nicht sogar zurückgeworfen. Vergleicht man die Entwicklungen im Mittelalter mit den Errungenschaften seit dem Beginn der Aufklärung, kann man ermessen, wie sehr die Entwicklung in vielerlei Hinsicht von den Kirchen unterdrückt wurden.

Der Mensch stellte sich diesen selbst auferlegten Beschränkungen entgegen und führte sich aus der selbstverschuldeten Unwissenheit ins Licht zurück.

Wir sollten die Ideen und die Motivationen, die diese Menschen der frühen Aufklärung bewogen haben, ihr Leben zu riskieren, um ihre Visionen in die Tat umzusetzen, damit würdigen, dass wir uns selbst nicht nur berauschen lassen. Vom Sofa aus Informationen zu konsumieren, ist natürlich sehr einfach, weil der Zugang zu „Wissen" heute so leicht geworden ist. Aber es ist ungerecht gegenüber der Altvorderen, die sich für diese Errungenschaften eingesetzt haben.

Es wäre fatal, wieder in eine Zeit zurückzufallen, in der uns vorgeschrieben wurde, was wir zu denken und zu wissen haben. Was wir aber wissen oder zumindest glauben zu wissen, sollten wir versuchen, sinnvoll zu bewerten. Wir müssen lernen zu filtern, was für den Einzelnen wichtig ist, was wirkliche Informationen sind und wer uns „alternative Fakten" vorsetzt. Die Schwierigkeit dabei ist zu unterscheiden, wie die Quellen der Information beschaffen sind und welches Interesse dahintersteht. Wer hat ein Interesse daran, dass ich diese oder jene Information erhalte und ihr meine Aufmerksamkeit und sogar meinen Glauben schenke.

Die Freimaurerei kann auf diesem Weg sehr hilfreich sein, denn sie fördert das eigenverantwortliche Denken. Diesen Prozess dürfen wir allerdings auch nicht dadurch konterkarieren, dass wir neue Dogmen aufstellen und krampfhaft nach der einen, der vermeintlich „richtigen" maurerischen Position suchen. Weder im Bereich der Politik noch im Bereich der Religion.

Wir brauchen weder in der Politik noch beim Thema Glauben eine einheitliche Meinung. Einheit in der Vielfalt sagt in diesem Kontext schon alles. Wir sind ethisch-moralischen Werten verbunden, und viel wichtiger als das gemeinsame Postulieren dieser Werte ist, dass jeder Freimaurer diese nicht nur vor sich herträgt, sondern aktiv lebt. Jeder Bruder kann an seiner Position in der Gesellschaft, ob in Beruf, Familie oder im Ehrenamt, seine Werte leben und damit Beispiel sein und Gutes bewirken. Die Kraft hierfür findet er in der Loge und im Ritual sowie in dem starken Gefühl, Teil der Weltbruderkette zu sein.

Wenn wir den Bogen zur Aufklärung schaffen, so müssen wir eines feststellen: Der Mensch kann ethische Werte und eine Moral auch ohne jeglichen Einfluss einer Religion haben. Sie ist nicht zwingend notwendig, um einen ethisch denkenden Menschen mit Werten und Moral zu finden. Unbestritten gibt es auch gute Argumente für die ordnende Funktion der Religion.

Offensichtlich sind aber nicht alle Menschen in der Lage, sich ein eigenes Wertesystem zu bauen und danach zu handeln, die allgemeinen Entwicklungen unserer Gesellschaft sind ein Zeugnis davon. Mangelnder Respekt, Ellenbogenkultur und „Geiz ist Geil" prägen das Klima und führen zu Ungleichheit und Polarisierung. Ein gemeinsamer Wertekanon besteht kaum. Die christliche Religion hat in den vergangenen Jahren als Regulativ immer mehr an Bedeutung verloren. Andere Religionen, wie der Islam, scheinen an Attraktivität zu gewinnen. Vielleicht ist daraus ein Bedürfnis nach Regeln und Konsens ableitbar, was allerdings erst die Zeit zeigen wird. Vielleicht müssen wir uns aber auch eingestehen, dass wir mit dem Abbau der religiösen Komponenten ein Vakuum geschaffen haben, dass wir noch ausreichend mit einen neuen ethisch-moralischen Wertekanon füllen müssen. Wir müssen uns Gedanken machen, wie wir unsere freimaurerischen Werte auch in der Gesellschaft wirksam einsetzen können. Dieser Ansatz wäre insbesondere für unsere Medien von großer Bedeutung.

Thesen zur Reformierung der Freimaurerei

Die folgenden Thesen, die auf einem Vortrag bei der VGLD basieren, der in der „Humanität" Nr. 2/2001 abgedruckt wurde, möchten wir hier etwas modifiziert wiedergeben.

Wir haben uns Gedanken gemacht und diese ergänzt. Wir wissen, dass diese Ansichten nicht den aktuellen Stand der Freimaurerei in den Großlogen wiedergeben, aber es ist ein Gedankenspiel, wohin man sich hin entwickeln könnte, um aus dem geheimnisumwitterten Dunkel hinaus ins Licht zu kommen und ein reales und wahres Bild der Freimaurer zu schaffen. Wir sind uns auch bewusst dass einiges provokativ klingt und auf den ersten Blick unseren Intentionen zu widersprechen scheint. Hier geht es darum, die richtige Ausgestaltung zu finden und alles immer unter dem Duktus unserer freimaurerischen Werte zu betrachten, denn diese sind aus unserer Sicht nicht verhandelbar und jede Maßnahme muss sich ihnen unterordnen. Damit dies auch passiert, müssen wir die richtigen Instrumente hierzu schaffen.

1.   Wir sollten in den Logen politischer werden

Unser selbst gewählter Auftrag ist der Bau am Tempel der Humanität. Das heißt: Wir arbeiten an der Verwirklichung von Humanität im Hier und Jetzt. Wir streben nach einer Gesellschaft, in der der Mensch im Mittelpunkt steht und das Maß allen Handelns ist. Das ist eindeutig ein politischer Auftrag. Politisch im klassisch-griechischen Sinn: ein Auftrag, der die Öffentlichkeit angeht, der in der Öffentlichkeit ausgeführt werden muss, nicht in der Privatheit.

„Nach Ihren Handlungen wird man Sie werten" oder „Gehe raus in die Welt und wirke als Freimaurer." heißt es im Ritual. Alles was wir tun erhält erst dadurch seinen Wert, dass es letztendlich in der Öffentlichkeit sichtbar und wirksam wird. Gegebenenfalls eben auch durch parteipolitisches Engagement. Denn Freimaurer arbeiten nicht nur an sich selbst, sondern sollen auch in der Welt wirken.

Auch wenn wir den Bau am Tempel der Humanität nicht per se als einen Aufruf zur politischen Arbeit verstehen, so sehen wir ihn dennoch auch als eine Art „Arbeit an der Gesellschaft". Diese kann durchaus auch politischer Art sein. Auch ein Freimaurer muss sich hier engagieren können und politisch tätig sein dürfen. Zumindest ein mündiger Bürger, der auch von seinem Wahlrecht Gebrauch macht.

Der F.z.a.S. hatte schon in seiner „programmatische Erklärungen des Reformfreimaurerbundes" im Jahre 1930 die Idee der politischen Debatte in den Logen verfasst und den Brüdern ans Herz gelegt:

„Zulassung der Erörterung auch politischer und religiöser Fragen im Tempel: denn ihre Ausschaltung zeugt von mangelndem Vertrauen zur freimaurerischen Idee, die ja das gesamte persönliche und gemeinschaftliche Leben durchdringen und gestalten soll; es entsteht zugleich die Gefahr einer leeren Schönrednerei ohne fruchtbringende Wirkung für den Menschheitsbau."

Und angesichts der Ereignisse in der Welt sollten wir vielleicht auch öffentlich zu Themen Stellung beziehen, wie es beispielswiese die französische Freimaurerei tut? So nachvollziehbar diese Forderung angesichts der Zustände in der Welt ist, so ist uns bewusst, wie schwer es ist, in einer so heterogenen Gesellschaft zu einer gemeinsamen Meinung zu kommen. Ja, wir sind der Humanität verpflichtet, aber welche Position letztendlich die humanste ist, dass könnte nur auf dem Weg harter Debatten erarbeitet werden und das Ergebnis bleibt immer sehr individuell. Die Frage ist dabei natürlich auch, ob die Meinung von 15.000 Männern und Frauen im gesellschaftlichen Kontext überhaupt relevant ist. Hier dürfen wir unsere Wirkmächtigkeit bei allen Bemühungen auch niemals überschätzen.

Für die politische Willensbildung gib es primär Parteien und Nichtregierungsorganisationen aber auch in der Freimaurerei sollten wir den Diskurs miteinander führen. Wir werden als Freimaurer nicht zu einer politischen Partei und wir werden uns auch nicht eindeutig im politischen Spektrum positionieren können. Wir können aber für unsere Werte einstehen und wir können aber als Brüder und Schwestern politisch agieren und die Welt zu einem besseren Ort machen. Auf alle Fälle sollten wir üben, über Politik in der Loge zu sprechen, denn wo, wenn nicht unter Freimaurern ist eine vorurteilsfreie und offene Debatte über die Zukunft unserer Gesellschaft auf Basis gemeinsamer Werte und in gegenseitiger Toleranz möglich?

2. Wir sollten spiritueller werden

Wir sind nicht nur ein säkularer ethischer Bund und üben uns nicht nur in tugendhaftem Verhalten. Wir sind auch eine Initiationsgemeinschaft und sind damit in der Tradition der klassischen Mysterienbünde auf einem spirituellen Weg zur Selbsterkenntnis.

Unsere Rituale leiten uns nicht nur zum kognitiven Erkennen an, sondern ebenso zum intuitiven Erfahren. Sie führen nicht nur, in gut aufklärerischer Tradition, der erkennenden Vernunft die erstrebten Weisheiten und Tugenden in Worten und Taten vor Augen, damit wir uns kraft unserer Einsicht nach ihnen richten. Sie führen auch, jenseits aller Tugend und Moral, den Menschen zur Harmonie mit sich selbst und mit seiner Umwelt und zu den Quellen seines Seins. Unsere Rituale sind Gesamtkunstwerke, welche den Menschen als ganzheitliches körperlich-geistig-seelisches Wesen ansprechen und auf ihn eine mächtige, verändernde Kraft ausüben können. In jeder Tempelarbeit breitet das Ritual vor unseren Augen und Ohren die Fülle seiner symbolischen Werkzeuge aus und fordert uns auf, jedes Mal neu, uns anregen zu lassen, zuzugreifen zu dem, was uns anspricht und damit weiter zu arbeiten auf dem Weg zu uns selbst.

Damit das Ritual seine verändernde Wirkung entfalten kann, damit es uns als innerlich Gewandelte und Befreite hinaus in die Welt entlässt, damit wir uns dort als Freimaurer bewähren können - dazu genügt es freilich nicht, jeden Monat einmal einer Tempelarbeit passiv beizuwohnen. Es wird auch ohne Anleitung nur wenigen gelingen, den Inhalt der Rituale für sich ganz auszuschöpfen. Wir müssten also Instruktionen entwickeln, Anleitungen zur persönlichen Arbeit auf der Basis der Rituale und müssten diese Anleitungen zum Beispiel in Wochenendseminaren an unsere Brüder weitergeben.

Spiritualität ist hier vielleicht nicht der beste Begriff. „Spiritualität bedeutet im weitesten Sinne ‚Geistigkeit‘ und bezeichnet eine auf Geistiges aller Art oder im engeren Sinn auf Geistliches in spezifisch religiösem Sinn ausgerichtete Haltung. Spiritualität im spezifisch religiösen Sinn steht für die Vorstellung einer geistigen Verbindung zum Transzendenten, dem Jenseits oder der Unendlichkeit."[15] . Das Ritual bringt uns während des Erlebens, insofern wir uns völlig auf dieses einlassen und die praktizierenden Brüder es auch getragen vorbringen können, in eine meditative Stimmung. Wir sind hier offen für die Schönheit der Musik und die Worte des Br. Redners. Allerdings:

Was bringt diese ganze Idee, wenn die Tempelarbeit eher zu einem Theaterspiel verkommt, wenn die Brüder den Text nur stupide ablesen und keine Emotionen verbreiten? Dann kommen wir wieder zum typischen Verein, der eine Show abspielt. Sich auf das Ritual einlassen, sich angemessen auf diese Arbeit vorbereiten, vor allem auch mit der angemessenen Kleidung. Hier kann und darf es nicht sein, dass gerade neue und jüngere Brüder eine gewisse Lässigkeit in den Tempel bringen und eher so ausschauen, als ob sie in der Eckkneipe sitzen würden. Sich Einlassen auf das Ritual heißt, es zu erleben, die Arbeit zusammen in der Bruder- oder Schwesterkette zu begehen und einzutauchen in seinen eigenen Geist. Erst dann kann man sich fallen lassen, den Geist öffnen für die Ideen der Maurerei, die durch die Symbole und Zeichen seit Jahrhunderten transportiert werden. Erst dann lassen sich die Worte der vorgetragenen Zeichnung erfassen und manifestieren einen Gedanken in einem Selbst.

---

[15] https://de.wikipedia.org/wiki/Spiritualit%C3%A4t

Was wir jedoch nicht dürfen, ist das bereits erwähnte Hinabgleiten in ein Schauspiel, indem wir hier eine übertriebene Spiritualität einbringen, wie wir es aus Gottesdiensten kennen. Wir sind, wie anfangs erwähnt, ein ethischer Bund und keinerlei Religion. Der meditative Charakter muss im Vordergrund stehen, denn so können wir die nötigen Werkzeuge, zur Arbeit an unserem eigenen rauen Stein und somit am Tempelbau, erfassen.

3. Wir sollten unsere Rituale erhalten und das Ritualverständnis fördern

Die Rituale leben von ihrer Beständigkeit und der jahrelangen Überlieferung. Selbst die kleinsten Änderungen werden kritisch betrachtet und müssen, je nach Großloge, durch Ritualkommissionen und Sitzungen intensiv besprochen und bewertet werden. Die Brüder Freimaurer reagieren immer sehr kritisch, wenn es darum geht, die Rituale anzupassen und zu ändern, schließlich wird mit jedem Ritual auch ein bestimmter Sinn vermittelt, der dann, so zumindest die Angst, oftmals auch verloren gehen könnte. Daher kommen diese Änderungen nur in einem sehr geringen Umfang vor. Das verhindert auf der einen Seite eine angebrachte Modernisierung aber sichert auch auf der anderen Seite, dass nicht leichtfertig unverstandene Inhalte vernichtet werden.

Wir sollten daher bei Änderungen außerordentlich vorsichtig vorgehen. Zu oft in der Vergangenheit wurde aus Unkenntnis der Ursprünge oder Zusammenhänge ein Ritual verändert und dabei der Sinnzusammenhang entstellt. In Deutschland haben wir keine Ritualfreiheit. Die Ritualtexte werden von den Großlogen vorgegeben und die Brüder haben sich an diese zu halten. Somit hat man ein einheitliches Bild und Ablauf. Natürlich haben wir in Deutschland eine Vielfalt von unterschiedlichen Ritualen, auch passend für die Gesinnung der Brüder, seien sie eher agnostisch veranlagt, esoterisch oder christlich eingestellt.

Es ist daher wichtig, dass wir uns diese Ritualvielfalt erhalten. Es ist aber auch wichtig, dass wir den Brüdern und Schwestern dabei helfen, die Inhalte des Rituals zu verstehen. Nicht wenige Brüder erleben das Ritual nur als schönes Schauspiel, ohne die dahinterstehenden tiefen Inhalte für sich zu erfassen. Unterricht, Masonica und Online Vorträge helfen dabei, einen besseren Zugang zu bekommen und den Reichtum an möglichen Erkenntnissen und alten Wahrheiten für jeden Bruder und jede Schwester zu erschließen. Letztendlich ist das Ritual unser Kern, das was uns von allen anderen Bünden und Vereinen unterscheidet. Es ist daher nur recht und billig, diesen Schatz mit der entsprechenden Wertschätzung zu begegnen.

4. Wir sollten unser Verhältnis zu den Frauen in der Freimaurerei ändern

Die Aufklärung - und damit die Freimaurer - wollten und wollen noch immer den Ausgang des Menschen aus seiner selbst verschuldeten Unmündigkeit. Der „Mensch", das war natürlich in aller Unschuld nur der Mann.

Zur Emanzipation der weiblichen Hälfte der Menschheit haben wir nicht das Geringste beigetragen. Es ist erst hundert Jahre her, dass unsere Wissenschaft aufgehört hat, vom „physiologischen Schwachsinn des Weibes" zu faseln und dass Frauen z. B. zum Medizinstudium zugelassen wurden.

Für uns gilt dieser Anachronismus immer noch und so kann man heute noch von Brüdern die Meinung hören, unsere Rituale seien „männlich" und daher für Frauen nicht geeignet, oder sogar, Frauen seien nicht in unserem Sinne initiationsfähig. Es mag ja so sein, aber sollten wir das Urteil darüber nicht den Frauen selbst überlassen?

Die Frauen haben sich ja inzwischen auch in dieser Hinsicht ihrer männlichen Vormünder entledigt und ihre Emanzipation selbst in die Hand genommen. Dabei haben sie auch die Freimaurerei für sich entdeckt und praktizieren sie mit großem Ernst und respektablem Erfolg. Aber wir pflegen unsere Berührungsängste. Wie oft haben wir schon die Befürchtung gehört, da könnte sich ja so etwas wie Erotik in den Tempel

schleichen. Ja, das kann passieren. Aber ist das nicht auch ein Übungs-
feld für uns, auch mit diesen Versuchungen umzugehen?

In welch eine Haltung gegenüber Frauen lassen wir uns treiben, wenn
wir schon dem Bruder das Freimaurersein absprechen, weil er einer Arbeit einer Frauenloge beigewohnt hat? Welche Ängste verbergen sich
eigentlich hinter unserer strikten Distanzierung von der femininen Maurerei? Gibt es da vielleicht eine archaische Angst vor der starken Frau,
gekoppelt mit der Vorstellung von ihrer kultischen Unreinheit, durch die
der Mann beschmutzt wird, worauf dann sein steinzeitlicher Jagdzauber
nicht mehr funktioniert? Uns scheint, da haben wir Männer noch ein
gutes Stück Aufklärung nötig.

Es geht uns nicht darum, nun in die Männerlogen partout Frauen aufzunehmen, aber die freimaurerisch arbeitenden Frauen haben es ver-
dient, endlich als unsere Schwestern und gleichwertigen Gefährtinnen
auf dem maurerischen initiatischen Weg anerkannt zu werden.

Noch immer stellt man eine große Skepsis bei einigen, meist älteren
Brüdern gegenüber einer Frauenloge fest. Wir haben es sogar schon
selbst erleben müssen, dass sich eher konservative Brüder gegen die
Aufnahme einer Frauenloge in ein Logenhaus gestellt haben und das,
obwohl die Frauenloge eine offizielle Loge der FGLD (Frauen-Großloge
von Deutschland) gewesen ist. Die Frauenlogen sind Teil der Forschungsloge Quatuor Coronati und leisten einen großen und interes-
santen Beitrag zu den gemeinsamen Veranstaltungen und Arbeitskrei-
sen.

Wir denken, dass im Jahr 2021 diese alten starren Formen der strikten
Trennung der Vergangenheit angehören sollten und auch Brüder und
Schwestern gemeinsam Ritualarbeiten abhalten und besuchen dürfen
sollten. Vor rund 300 Jahren war die Stellung der Frau in der Gesellschaft eine andere. Die Gesellschaft war von Patriarchen bestimmt und
der Frau gestand man nur die Rolle der Mutter, Erzieherin der Kinder
und Hausfrau zu.

Wir haben sehr eindrucksvolle Schwestern auf unseren Reisen kennenlernen dürfen und pflegen gerne den Kontakt zu ihnen. Grenzen aufgrund des Geschlechtes zu ziehen, halten wir für falsch und unangebracht. Es zeugt eher von mangelndem Selbstvertrauen in sich selbst und in die Idee der Freimaurerei.

Wir, die wir uns in der direkten Nachfolge der Aufklärung sehen, wollen noch immer den Menschen aus seiner selbst verschuldeten Unmündigkeit führen. Das schließt aber nicht per se 50 Prozent der weltweiten Bevölkerung aus. Es geht hier um den Menschen, der uns als Baustein am Bau des Tempels der Humanität dienen soll, der eine bessere Welt erschaffen soll. Stellen wir uns doch alle einmal die Frage, wie so ein Fundament oder der sich darauf befindliche Tempel aussehen würde, wenn die Hälfte der Steine bewusst weggelassen werden.

5.   Wir sollten eine Elite werden

Zu unseren Idealen gehört die Gleichheit. Daraus leiten wir gern die Vorstellung ab, dass die Loge in ihrer Mitgliederstruktur ein getreues Abbild der Gesellschaft sein müsse, und dass sie sich absolut nicht als eine Auslese (Elite) aus der Gesellschaft verstehen dürfe. Diese Sichtweise gilt es zu hinterfragen. Das aufklärerische Postulat der Gleichheit bezieht sich auf die Gleichheit aller im Anspruch auf die Freiheit, auf die Gleichheit im Hinblick auf die Lebenschancen und die Gleichheit vor dem Gesetz. Die Aufklärung hat die Eliten nicht beseitigt, sie hat nur die Zugangskriterien verändert: an die Stelle ererbter Vorrechte ist die Auslese aufgrund persönlicher Leistung und Fähigkeit getreten. Wir müssen in diesem Sinne entschlossen darangehen, uns zur Elite zu entwickeln.

Unsere Logen sollen durchaus Mitglieder aus allen gesellschaftlichen Gruppen und Schichten als Mitglieder werben. Aber wir müssen uns jeweils auch um die führenden Köpfe bemühen. Und dieses Werben geht wohl nur von Person zu Person, nicht durch läppische „Öffentlichkeitsarbeit". Interessante Männer werden durch interessante Männer angezogen - wo Tauben sind, da fliegen Tauben hin. Weshalb ist es so interessant, Rotarier zu werden? Weil man im Rotary Club interessante

Männer findet, und weil man aus der Einladung zur Mitgliedschaft erkennt, dass diese Männer einen selbst ebenfalls für interessant halten. Also lasst uns darangehen, uns wieder als Elite zu verstehen und daran zu arbeiten, dass wir es auch werden. Wenn das kein Thema für die Großlogen ist, dann sollten wenigstens einzelne Logen den Mut haben, sich zu Elitelogen zu entwickeln. Wenn sie erfolgreich sind, werden sie Nachahmer finden.

Elite ist ein schwerer Begriff und kann schnell zu Vorurteilen bei außenstehenden Personen oder Verschwörungstheoretikern führen. „Elite (urspr. vom lateinischen eligere bzw. exlegere, ‚auslesen') bezeichnet soziologisch eine Gruppierung (tatsächlich oder mutmaßlich) überdurchschnittlich qualifizierter Personen (Funktionseliten, Leistungseliten) oder die herrschenden bzw. einflussreichen Kreise (Machteliten, ökonomische Eliten) einer Gesellschaft. […] Als Elitarismus bezeichnet man die Ideologie, die vom Bewusstsein getragen wird, einer Elite anzugehören."[16]

Wir müssen mit dem Begriff der Elite vorsichtig umgehen, denn wir dürfen uns nie als eine Gruppierung überdurchschnittlich qualifizierter Personen sehen, denn dies wiederum würde gegen das Prinzip der Gleichheit stehen. Ein „primus inter pares" (lateinisch für „Erster unter Gleichen") war das Wort, das auch schon Könige im Kreis ihrer Logen gewählt haben. Gleichheit und Brüderlichkeit darf nie hinter den Anspruch gestellt werden, eine Elite zu sein. Aus dem Grund der Steigerung seines eigenen Selbstwertgefühls (weil man ja Mitglied einer „Elite ist"), aber auch aus dem Drang sich selbst zu profilieren, darf man kein Freimaurer werden. Demut ist eines der Dinge, die der junge Bruder auf dem Weg zum Meister erlernen muss. Erst dann kann er wachsen und reifen.

Die Idee der Autoren ist es, nicht mehr aus erblichen Rechten, sondern aus persönlicher Leistung ein Mitglied dieses Bundes zu werden. Der Neophyt dürfe nicht aus einem Missverständnis über die Freimaurerei

---

[16] aus dem Wikipedia-Artikel „Elite"
https://de.wikipedia.org/wiki/Elite

---

an die Bruderschaft herangeführt werden. Brüder sollten auch interessierte Brüder für ihre Logen gewinnen und an die Königliche Kunst heranführen. Brüder aber nur aufgrund ihres Standes oder ihrer gesellschaftlichen Position zu umwerben, halten wir selbstverständlich für falsch. Die Loge muss ein gewisses Abbild einer Gesellschaft sein und sollte nicht dem Zweck dienen, sich gegenseitig zu erheben und über andere Menschen zu stellen. Sie ist aber eine Elite in dem Sinne des „Auserlesenseins". Die Brüder oder Schwestern einer Loge stimmen mit der Kugelung über das Aufnahmegesuch eines neuen Interessenten ab. Dies wiederum ist eine Entscheidung, bei der man durchaus über eine Auslese sprechen kann, also wiederum von einer Bauhütte im Sinne einer Abgrenzung nach außen.

Dieser Punkt ist natürlich mit großen Gefahren belegt, denn wie schnell laufen wir Gefahr uns selber über andere zu erheben. Wie schnell bedienen wir nicht nur verschwörungstheoretische Klischees, sondern halten uns vermutlich selber für etwas Besseres. Daher müssen wir mit diesem Ansatz sehr umsichtig umgehen und ihn einer ständigen Reflektion unterwerfen. Elite geht nur, wenn wir uns selbst dabei nicht überhöhen.

Wenn die Freimaurerei aber mehr Einfluss bekommen soll bedarf es Brüder und Schwestern an entscheidenden Stellen in Politik, Wirtschaft und Verwaltung. Die große Herausforderung dabei ist, Menschen zu finden, die nicht nur Entscheider sind, sondern auch über das nötige moralische Rüstzeug, die Werte und den Charakter verfügen.

Aus diesem Grund sollten unsere Mitglieder auch beruflich fördern. Während der Aufnahme, bereits nach den drei Reisen, wenn fast alles schon gelaufen ist, bekommt der Neophyt eine allerletzte Gelegenheit, sich die Sache doch noch einmal zu überlegen, mit der offenbar alles entscheidenden Mitteilung: „Wir warnen Sie ehrlich und freundschaftlich, sich einer Gemeinschaft anzuschließen, die Ihnen keinerlei materielle Vorteile verheißen kann". Wenn wir das sagen, fühlen wir uns wohl als moralisch besonders hoch über den Niederungen der profanen Welt Stehende.

Es erinnert aber auch an die Geschichte vom Fuchs und den sauren Trauben: wir machen da aus unserem offenbaren Unvermögen eine Tugend. Was braucht denn ein junger Mensch dringender als eine Gruppe oder ein Netzwerk von Älteren, Erfahrenen, Einflussreichen, die ihm auch im materiellen Leben den Rücken stärken und den Weg zeigen können? Und war denn die mittelalterliche Bruderschaft der Steinmetze und Baumeister etwas anderes, als eine Organisation zur beruflichen Förderung und materiellen Sicherung ihrer Mitglieder?

Vor kurzem hat ein Bruder erzählt, dass es ihm nicht gelungen sei, bei seinen beiden Söhnen für die Freimaurerei mehr als ein müdes Lächeln zu wecken. Wohl aber sei einer der hoffnungsvollen Sprösslinge mit Begeisterung in eine schlagende Verbindung eingetreten. Auf die Frage, was ihn denn dort so anziehe, sei der Hinweis auf die Alten Herren gefolgt, die genau dort in einflussreichen Positionen säßen, wo der Junior sich seine berufliche Zukunft vorstellte. Eben. Im Übrigen: Neben einer gewissen beruflichen Förderung bemühen sich die Studentenverbindungen durchaus, ihren Mitgliedern auch positive immaterielle Werte sowie Umgangsformen zu vermitteln - wie die Logen ja auch. Weshalb tun wir es ihnen nicht auch auf der beruflichen Ebene gleich? Wir möchten in der Welt doch etwas bewegen.

Weshalb sorgen wir dann nicht dafür, dass unsere Mitglieder auch an solchen beruflichen Positionen gelangen, wo sie etwas bewegen können? Wenn wir für tüchtige junge Leute attraktiv werden wollen, dann müssen wir die berufliche Qualifizierung und Positionierung unserer Mitglieder zu einem zentralen Teil unserer Arbeit am rauen Stein machen. Nicht nur die einfache Stellenvermittlung, sondern auch die Qualifizierung vorher. Etwa so, wie es die französischen Compagnons mit Erfolg tun, nur in anderen Berufsfeldern.

Wie schon oben beschrieben birgt dieser Ansatz große Gefahren, denn wie schnell entwickelt sich so ein Verhalten zu einem reinen Karriere Club? Auch hier bedarf es immer des Gleichgewichtes zwischen Förderung und charakterlicher Entwicklung. Sollte z.B. irgendwann mal ein Nestle Vorstand Freimaurer sein, kämen wir schnell in eine moralische Bredouille.

Sich gegenseitig als Brüder zu unterstützen und zu helfen ist aber eines der Ziele dieser Bruderschaft. Nicht umsonst sprechen wir von einer weltweiten Bruderkette/Schwesterkette. Die jüngeren Brüder sollten und müssen hier auch auf die Erfahrungen ihrer älteren Brüder zurückgreifen können. Sollten sie sich dann auch noch im beruflichen Umfeld unterstützen können, spricht nichts dagegen.

Es geht eher um die Frage, aus welchen Gründen ein Gesuch zur Aufnahme in den Bund der Freimaurer gestellt wird. Hierbei muss die Arbeit am eigenen Ich, als auch die Arbeit an der Gesellschaft im Vordergrund stehen: Für die Ideale der Freimaurerei „brennen" und sie in die profane Welt hinaustragen. Aber materielles Interesse oder gar Vorteile im beruflichen Umfeld dürfen kein alleiniger Grund sein, diesem Bund beizutreten. Hier wird der interessierte Suchende sicherlich enttäuscht werden. Kann jedoch ein Bruder einem anderen helfen, ihn unterstützen oder unter die Arme greifen, so sehen wir das als eine brüderliche Pflicht an. Dies kann natürlich auch im beruflichen Umfeld gelten und darüber hinaus. Es ist ein existenzieller Bestandteil der Bruderschaften.

6. Wir sollten transparenter werden

Viele der Rituale finden sich bereits im Internet wieder. Mal echte und leider auch viele falsche oder erfundene. Sollte ein interessierter Mensch dann doch ein echtes Ritual gefunden haben, so mag er dies evtl. nicht glauben, da es wenig spektakulär klingt, oder aber er würde den Sinn nicht verstehen ohne den nötigen Hintergrund. Es ist ähnlich, als wenn man den Text zu Mozarts „Zauberflöte" lesen würde, jedoch ohne die Musik und ohne Bühnenbild und Schauspieler. René denkt, es wäre zeitgemäß und würde den Verschwörungstheoretikern endlich den Wind aus den Segeln nehmen, wenn ein Ritual veröffentlicht würde, jedoch mit den nötigen Anmerkungen und Ergänzungen, sodass es auch ein Nicht-Maurer verstehen kann.

Wir beide selbst befassen uns seit Jahren mit alten Ritualen und haben, wie viele andere auch, Sammlungen aufgebaut, würden diese aber niemals herausgeben. Dieser Schritt müsste ggf. in welcher Form auch immer von den Großlogen kommen. Der ein oder andere mag, so wie auch Kai, anmerken, dass dem neuaufzunehmenden Bruder, der dem Bund beitreten möchte, das Erlebnis der Aufnahme genommen werde. Das mag so erscheinen, jedoch nutzt René hier den Vergleich mit einer Oper wie z.B. der „Zauberflöte". Diese zu sehen und zu erleben ist weit mehr wert als den Text zu lesen. Die Menschen werden sich immer an das Erlebte erinnern, jedoch nicht an den Wortlaut des gesprochenen Textes.

Kai sieht das etwas anders. Das Ritual folgt seiner Auslegung nach einem klassischen Initiationsritus. Dabei geht es immer darum, den Kandidaten zu verunsichern, durch Unbekanntes seine Denkmuster zu verschieben und damit sein Unterbewusstes aufnahmefähig zu machen. Dieser Effekt benötigt das Überraschungsmoment und ein perfekt inszeniertes Ritual. Wenn von der Lichterteilung bis zur Erschlagung und Erhebung alles schon vorher klar ist, verliert das Ritual genau diesen Effekt und es besteht die Gefahr, dass das Ritual nur noch als historisches Schauspiel erlebt wird. Dies würde dem Initiationseffekt entgegenstehen. Vielleicht sollten wir uns darauf einigen, dass auf keinen Fall die Ritualhandlung im Video dargestellt werden sollte. Dort geht dann auch beim flüchtigen Betrachter vieles an Effekt verloren.

Wie man auch immer dazu steht. Da jede Handlung Auswirkungen hat, müssen wir sehr sensibel eine passende Antwort auf den Grad der möglichen Öffnung und Transparenz finden. Ein Geheimnis, das einmal verraten wurde, kann nie wieder zu einem Geheimnis werden, auch wenn man hinterher die Veröffentlichung bereuen sollte.

Nun ist es tatsächlich so, dass jeder, der ernsthaft sucht, im Internet die Rituale finden wird. Und doch kann der kluge Suchende sich selbst beschränken und auf die Lektüre verzichten. Wenn die Rituale aber offensiv verbreitet und somit zum kollektiven Eigentum werden, dann verringert sich nicht nur der Effekt auf den Aufgenommenen, sondern wir verlieren auch jede Form von Mystifizierung, die auf der einen Seite Verschwörungstheoretiker auf den Plan bringt, aber auf der anderen

Seite selbstverständlich auch einen Teil der Faszination der Freimaurerei ausmacht. Es geht also um eine klare aber eben auch behutsame Kommunikation.

Zur Transparenz gehört auch die Öffentlichkeitsarbeit. Es geht nicht darum, dass wir Werbung machen aber wir sollten hier und da ein „Role Model" präsentieren oder deutlich machen, dass es etwas tolles ist, Freimaurer zu sein und an sich und einer besseren Welt zu arbeiten macht durchaus Sinn. Diesen Effekt können wir am besten über Testimonials herstellen. Brüder und Schwestern, mit denen man sich gerne identifziert und die sich auch vorbildlich benehmen.

Dabei dürfen wir aber nie vergessen, dass mit jedem Schritt in die Öffentlichkeit auch der Anspruch an uns wächst. Denn wenn wir die Werte, die wir propagieren nicht wirklich leben und nach außen zeigen, wie uneinig wir sind, dann erweisen wir der Freimaurerei damit einen Bärendienst.

7. Wir sollten die Zusammenarbeit mit irregulären Logen ermöglichen

Gerade in den letzten Jahren hat die Großloge A.F.u.A.M.v.D. erneut den Kontakt zu den französischen Brüdern gesucht und versucht, neue Möglichkeiten des Austausches zu finden. Das ist aus unserer Sicht ein richtiger Ansatz. Arbeiten wir nicht alle an der Weltbruderkette? Sind wir nicht alle Brüder und dienen den gleichen Idealen? Wir denken schon.

Also warum nicht einmal kritisch hinterfragen, warum ein Jahrhundert andauerndes Dogma nicht zur Diskussion gestellt werden kann und sich der Freimaurerei dadurch neue Wege eröffnen. Die Teilnahme an gemeinsamen Arbeiten und auch gegenseitige Besuche wären sicherlich eine Bereicherung für die einzelnen Brüder, aber durchaus auch für die Logen und übergreifende Projekte.

Gleiches gilt für andere irreguläre Logen. Seien es gemischte Logen, masonische Bodies, wie z. B. der Memphis Misraim Ritus oder andere masonische Bodies. Auch hier findet der Bruder oder die Schwester neue Anregungen und Inspiration. Auch hier arbeiten Brüder und Schwestern im Geiste am Tempel der Humanität. Man muss keinen freidenkenden Menschen vor Einflüssen schützen. Dazu kann er sich des eigenen Verstandes bedienen.

Dass der Besuch einer irregulären Loge zum Ausschluss aus der Freimaurerei führen kann, sollte so schnell wie möglich ein Relikt der Vergangenheit werden.

8.   Junge Brüder sollten mehr mitgestalten

In einigen konservativen Logen ist es üblich, dass der Lehrling und der Geselle im brüderlichen Gespräch kein Recht auf Mitsprache haben. Vielmehr ist es üblich, dass diese beiden Gruppen schweigen und den Meistern beim Gedankenaustausch zuhören. Denn aus diesen Worten und Erfahrungen soll der noch junge Bruder lernen und reflektieren. Aber ist es nicht so, dass wir Brüder uns auf einer Ebene begegnen? Warum also dann eine Gruppe ausgrenzen?

Natürlich ist es ein guter Effekt, als Lehrling etwas Demut zu zeigen und erstmal wieder das Zuhören zu lernen. Wir denken aber, dass auch ein unerfahrener Bruder durchaus wichtige und interessante Aspekte zu einem Thema beitragen kann, und daher sollte er doch in der Runde seiner Brüder auch zu Wort kommen dürfen. Oftmals hört man auf die Nachfrage, warum hier so gehandelt wurde: „Das haben wir schon immer so gemacht!" oder „Das kommt in einem höheren Grad."

Dies mag durchaus sein, oft aber weiß der Befragte die Antwort auch selber nicht. Genau hier zeigt sich doch der Freimaurer, der diese alten Dogmen und Regeln hinterfragt und sie zur Diskussion stellt. Wir sind davon überzeugt, dass keine Stimme eines Bruders verstummen sollte.

Nur wenn wir jungen Brüdern und Schwestern die Möglichkeit geben, mitzuwirken, können wir als Bund jung bleiben und auch unsere Aktivitäten auf die Bedürfnisse einer jungen Generation abstimmen. Es nützt nichts, sich über zu viel elektronische Kommunikation aufzuregen, wenn diese nun mal der Alltag der jungen Brüder ist.

Die technischen Möglichkeiten, die wir heute haben, erlauben uns hier viele neue Formate und das sollten wir nutzen. Wir haben bereits gelernt, wie gut Messenger Gruppen und Videokonferenzen funktionieren und wie wir logenintern aber auch übergreifend neue Formen des Miteinanders üben können, auch wenn diese Formate niemals das reale Leben in der Loge ersetzen können.

9. Wir sollten die Vielfalt zum zentralen Wert machen und leben

In diesem Buch haben wir viel über den Wert von Einheit in der Vielfalt geschrieben. Wenn wir es nicht schaffen, diese Vielfalt in Toleranz und Brüderlichkeit/Schwesterlichkeit zu leben und nach innen wie außen zu zeigen, dass unsere Werte nicht nur hohle Phrasen sind, sondern wirklich gelebt werden, wird es uns nicht gelingen als glaubwürdig wahrgenommen zu werden. Diese wiederum ist wichtig, wenn wir in der Gesellschaft etwas verändern wollen.

Dieses Ziel stellt hohe Ansprüche an den Bund, die Obödienzen und vor allem an jeden Bruder und jede Schwester. Je offener wir nach außen treten, desto wichtiger ist, dass wir in jedem Aspekt unseres Lebens die freimaurerischen Werte leben.

Nur wenn wir unsere kleinkarierten Auseinandersetzungen überwinden und uns nicht mehr mit Fragen wie Regularität oder Besuchsregeln beschäftigen, nur dann können wir als Bund wachsen und unsere Stärken ausspielen.

Die VGL sollte daher immer stärker in den Vordergrund rücken, vor allem, wenn es um Auftritte in der Öffentlichkeit geht. Nur so können wir sicherstellen, dass nicht einzelne Großlogenpositionen mit der Freimaurerei allgemein verbunden werden und nur so können wir zeigen, dass wir alle zu dem Postulat der Toleranz und der Vielfalt stehen.

Fazit und Schlusswort

René ist ein Atheist und könnte sehr gut ohne Religion in der Freimaurerei leben. Er propagiert eine zunehmende Ausrichtung auf einen rein ethisch moralischen Bund. Kai ist eher ein Mystiker und sieht in der Freimaurerei primär einen esoterisch spirituellen Weg. Einig sind wir uns, dass wir uns von allen Dogmen befreien müssen, und dass die Auslegungen der Amtskirchen nicht viel zum freimaurerischen Weg beitragen können. Die dahinter liegenden Wahrheiten jedoch schon.

Die skeptische Position gegenüber der Religion ist aber natürlich in keiner Weise geprägt von Intoleranz gegenüber Brüdern oder Schwestern, die an eine wie auch immer geartete höhere religiöse Lebensform glauben. Es gibt viele sehr gläubige christliche Brüder und Schwestern, und so sehr wir auch diesen Standpunkt nicht teilen, genauso sehr schätzen wir den Austausch mit ihnen. Sie helfen uns allen, uns in Toleranz zu üben und die gedanklichen Grenzen verschwinden zu lassen.

Wir glauben, dass gerade in unserer schnelllebigen Zeit immer mehr Menschen die Ruhe suchen, die man im Alltag nicht mehr finden kann, und einige kommen zur Freimaurerei. Gerade hier werden Traditionen und Regeln gelebt und auch geachtet. Dadurch wird Sicherheit und Verbindlichkeit erzeugt. Wir wollen uns nicht gegen eine Aufhebung dieser Traditionen aussprechen, aber durchaus für die Formulierung und Diskussion von Ideen, Anregungen für Anpassungen, um diese Inhalte zeitgemäß ins neue Jahrzehnt zu transportieren.

Die von uns aufgestellten Thesen sollen als Anregung für die weitere Debatte genutzt werden. Es sind Anregungen, die einer vertiefenden Diskussion bedürfen und die wir in der Freimaurerei in den nächsten Jahren führen sollten. Offen, vorurteilsfrei und mit Bedacht in gegenseitiger Wertschätzung. Wir sind uns bewusst, dass der Weg kein leichter ist und auch wir bestimmt noch nicht alle Aspekte bedacht haben.

Es gibt nicht die „eine" oder die „wahre" Freimaurerei. Unser Bund ist ein Sammelsurium von Inhalten und Symbolen aus verschiedenen Epochen. Die Motivation der Brüder, Freimaurer zu werden, ist ebenso vielfältig, wie die Art und Weise, wie jeder Bruder oder Schwester die Freimaurerei für sich auslegt und lebt. Diese Vielfalt auszuhalten und wertzuschätzen ist die zentrale Forderung an jeden Bruder und jede Schwester. Darin liegt ein unschätzbarer Wert und eine Fülle an Möglichkeiten für jeden Einzelnen. Es geht um das Lernen vom anderen, neue Sichtweisen aufzunehmen und sich zu prüfen und nicht darum, Recht zu haben oder sich selbst zu bestätigen.

Wenn es darum geht, eine neue, moderne Form der Freimaurerei zu schaffen, die weltoffen und dennoch traditionell ist, dann haben wir es auch hier mit einer Vielzahl von Möglichkeiten zu tun. Hier sind wir als Bund gefordert aber auch hier müssen wir die Vielfalt aushalten und uns in Toleranz üben. Denn auch was die Zukunft angeht, wird niemand von sich behaupten können zu wissen, was nun richtig oder falsch ist. Wir werden darüber reden müssen, in Wertschätzung und mit Respekt.

Nach unserer Ansicht geht es nicht um eine absolute Abkehr von der Tradition, sondern eher um einen Spagat zwischen der Tradition und der neuen, modernen Zeit - das ist unsere Vision

Das Kernelement muss die Arbeit an uns selbst sein sowie das Wirken für eine bessere Welt. Bei allem, was wir tun, sollte immer das Prinzip „Einheit in der Vielfalt" im Vordergrund stehen.

Dies ist der Anfang einer langen Reise...

René Schon & Kai Stührenberg

Zeitfracht Medien GmbH
Ferdinand-Jühlke-Straße 7
99095 Erfurt, Deutschland
produktsicherheit@kolibri360.de